遇事当下不定论

雨辰 ◎ 著

人民日报出版社

图书在版编目（CIP）数据

遇事当下不定论/雨辰著. -- 北京：人民日报出
版社, 2016.12
ISBN 978-7-5115-4408-7

Ⅰ.①遇… Ⅱ.①雨… Ⅲ.①中国历史—古代史—通
俗读物 Ⅳ.①K220.9

中国版本图书馆CIP数据核字(2016)第314897号

书　　名：遇事当下不定论
作　　者：雨　辰

出 版 人：董　伟
责任编辑：袁兆英
封面设计：邢海燕

出版发行：人民日报出版社
社　　址：北京金台西路2号
邮政编码：100733
发行热线：（010）65369527　65369846　65369509　65369510
邮购热线：（010）65369530　65363527
编辑热线：（010）65363105
网　　址：www.peopledailypress.com
经　　销：新华书店
印　　刷：北京紫瑞利印刷有限公司

开　　本：880mm×1230mm　1/32
字　　数：140千字
印　　张：7
印　　次：2016年12月第1版　2016年12月第1次印刷

书　　号：ISBN 978-7-5115-4408-7
定　　价：58.00元

▌前言▐

（离经叛道话文史）

中国文化随着中国历史的悠长，在无数次的皇国兴衰、夷族入主中原，早已不见了最初的原貌，取而代之的是兼容并蓄、适时更迭。

我不想朔源赘述，更不想妄论宗源。因为我自己只是一个因无知而好学的小学生，所以本书的某些内容或观点，可能在世人的眼中实属离经叛道。

但如果因为这本被当下专家们认为疯言乱语的书，能让现下的世人对中国历史、文化产生兴趣并因此而去探究，对我而言实乃是人生幸事之一。

希望阅读此书的有缘人们，能在当今浮躁的世界里，多一点理性的思索，不要一味迷信、一味盲从，学会静心思考。

思考曾经所认为的，所有权威和正确的定论，无论是从权威的人物口中、还是从权威的书籍中所获得一切是否都是正确的定论？

因为所有盲从的、不加思索的接受别人或书籍的定论，本身就是一种迷信。

学会思考一切，你所知道的所谓权威定论，并亲自去探索和论证，这才叫做人类的理性。

窘步相仍死不前，唱酬无复见前贤。

纵横自有凌云笔，俯仰随人亦可怜。

——雨辰

目 录
contents

执子之手，与子偕老——话诗经

"执子之手，与子偕老"，在中国可谓家喻户晓，几乎所有举办的婚礼都会用到这个名句。但并不是所有引用此句的恋人都知道，此句是源自于《诗经》——《邶风·击鼓》。知道此句原是讲战士出征讨伐时同生共死战友情的，想必更是知之甚少了。

附原文：

> 击鼓其镗，踊跃用兵。土国城漕，我独南行。
>
> 从孙子仲，平陈与宋。不我以归，忧心有忡。
>
> 爰居爰处？爰丧其马？于以求之？于林之下。
>
> 死生契阔，与子成说。执子之手，与子偕老。
>
> 于嗟阔兮，不我活兮。于嗟洵兮，不我信兮。

诗经中的"风"类似于现在的叫法——风俗。如：国风、楚风、郑风、邶风等等。

诗经其实是一本通过记录当时东周列国的人文甚至是劳人、怨妇的牢骚，来反映当时真实的社

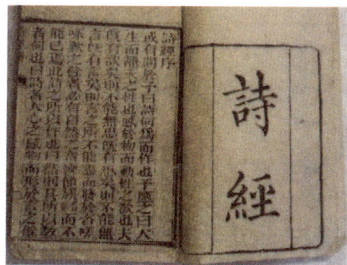

此为清刻本《诗经》。

《诗经》是中国古代诗歌开端，最早的一部诗歌总集，收集了西周初年至春秋中叶（前11世纪至前6世纪）的诗歌，共311篇。

会现象和事件的书籍，从中可以看出整个社会的趋势。

如《击鼓》这首诗，背景是东周时期，卫州吁弑杀兄长卫桓公篡位为卫国国君后，遣大将公孙文仲领兵讨伐陈国和宋国。《击鼓》正是卫国战士在征伐的途中表达同生共死的约定。

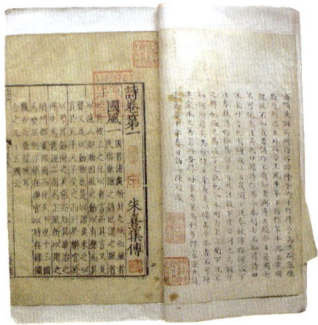

至于如何成为表达男女之间白头到老的爱情之约，就得说到元明清八百年《诗经》学的头号权威——朱熹。

朱熹《诗集传》

朱熹的《诗集传》将执子之手、与子偕老，解释为室家男女之情，这种误导的说法一直流传到现在。

《邶风·击鼓》之后，还有一篇《新台》，讲的是东周时期一个荒唐和极其狗血的历史事件。

附原文：

> 新台有泚，河水弥弥。燕婉之求，蘧篨不鲜。
> 新台有洒，河水浼浼。燕婉之求，蘧篨不殄。
> 鱼网之设，鸿则离之。燕婉之求，得此戚施。

大意是：新台修筑得豪华壮丽，可是原本美丽的女子是要嫁给俊美的公子，却被又老又丑的驼背公公给霸占了。

这是怎么一回事呢？原来卫州吁弑杀兄长卫桓公并自立为卫国国君后，在位期间穷兵黩武，陈和宋两国不服卫州吁，卫州吁便派遣大将公孙文仲领兵讨伐陈国和宋国。引发了卫国人的怨恨，上卿石碏遣人刺杀了卫州吁，拥立新君卫宣公。但是不曾想却引发了另一场更荒唐的历史事件。

春秋记载：卫宣公是个极其好色不惜乱伦之徒，做了国君后，他与其后母夷姜乱伦，生子名伋。

因伋长大成人后，需要选太子妃，便遣使臣到齐国礼聘齐国公主宣姜做自己的儿媳。宣姜是当时出名的美人，卫宣公听说了她的美貌后便起了色心。于是故意派儿子出使宋国，自己将原本的媳妇娶回了卫国。卫宣公为迎娶齐国公主宣姜，专门修筑了一座非常豪华的宫殿，名曰"新台"。

当卫伋子出使归来，发现原本应该是自己的老婆，已摇身变成了自己的老妈。如果事件到此结束，那么这仅仅是一起王室丑闻而已。然而，历史却朝着令人意想不到的方向演进。

史书记载，她为卫宣公生了两个儿子：卫寿、卫朔。于是有了为自己儿子夺嫡，自己成为太后的野心。在她的唆使下，卫宣公竟然决定杀掉自己亲生骨肉——太子卫伋子。

卫宣公假意让太子出使齐国，卫伋子却并不知道父亲已安排了杀手在自己行至边境时刺杀自己。

同父异母的弟弟卫寿得知此事后，急忙驾车通知卫伋子，可是卫伋子死都不相信自己的父亲卫宣公会要自己的命。

于是卫寿只得驾车率先赶到边境，以身赴死替哥哥挡灾。不料卫伋子赶到了边境后，发现弟弟已死，责备杀手杀错了人。于是，杀手又将卫伋子杀死，并回去向卫宣公交差。

《击鼓》《新台》的年代，就是中国历史正式进入春秋诸侯争霸的时代，随着卫州吁杀卫桓公，石碏杀卫州吁立卫宣公，各诸侯国的政变如瘟疫般，接二连三地爆发。

　　如：宋国的司马孔父嘉因有一个风华绝代的妻子，大臣华督贪慕美色，教唆孔父嘉的部下将孔父嘉和宋国国君殇公与夷一同杀害。这是中国历史上第一次记载了因为要夺取他人之妻，不惜发动政变，弑杀君王的历史事件。

　　从《诗经》"执子之手、与子偕老"的背后，我们所发现的历史真相，其实是多么的残忍和不堪，所衍生的历史事件又是多么的荒唐。

　　往往人们所认为美好而又含情脉脉的诗词歌赋的背后，是如此的动荡，波诡云谲、血腥杀戮……

登徒非浪子

中国人如果形容某人好色，必然说此人是登徒浪子。这其实源自于宋玉的一篇《登徒子好色赋》。在了解登徒子是否好色之前，我们必须要了解一下宋玉是何许人也。

宋玉画像

宋玉(约公元前298年—约公元前222年)，又名子渊，是战国后期楚国的一位文学家。宋国公族后裔，战国时期鄢（今湖北宜城）人，崇尚老庄，生于屈原之后，为屈原之后辞赋家，与唐勒、景差齐名。

在楚怀王、楚襄王时代，曾担任过类似"文学侍从"这一类的官员，他不但文章出色，仪表也是"风流潇洒，英俊不凡"，是中国古代四大美男之一。

他所作辞赋甚多，《汉书·卷三十·艺文志第十》录有赋16篇。今多亡佚，所谓"下里巴人"、"阳春白雪"、"曲高和寡"、"宋玉东墙"的典故皆由他而来。

流传作品有《九辨》、《风赋》、《高唐赋》、《登徒子好色赋》等，其中《风赋》、《高

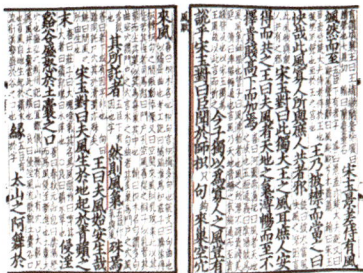
《风赋》是战国末期文学家宋玉创作的文学作品。

唐赋》、《登徒子好色赋》这三篇，曾有学者怀疑不是他所作，这里我们先不做讨论。

我们先了解一下《登徒子好色赋》讲了什么？

天下之佳人莫若楚国，楚国之丽者莫若臣里，臣里之美者莫若臣东家之子。东家之子，增之一分则太长，减之一分则太短；着粉则太白，施朱则太赤；眉如翠羽，肌如白雪；腰如束素，齿如含贝；嫣然一笑，惑阳城、迷下蔡。然此女登墙窥臣三年，至今未许也。登徒子则不然：其妻蓬头挛耳，龋唇历齿，旁行踽偻，又疥且痔。登徒子悦之，使有五子。王孰察之，谁为好色者矣？

原文大意是：天下的佳人没有比得过楚国的，楚国的佳丽没有比得过我家乡的，我家乡的美女之中最美丽的，莫过于我东边邻居家的一位姑娘。

这位姑娘，身材适度，不高不矮，天生丽质，涂脂抹粉反显多余。眉似美丽的羽毛、肌肤如雪、腰肢盈盈可握、皓齿如贝，没有一处是不美的。

她微微一笑的时候，那漂亮更是难于形容，要让阳城、下蔡那些花花公子见了，不晕倒才怪。

但是，这位邻家之女，常常攀登墙头来偷看我，已经整整三年了，我至今没有受到她的诱惑。可是登徒子呢？就和我截然不同了。他的妻子，头发乱、耳朵斜，嘴唇裂、牙齿缺，走起路来，弯着腰、一瘸一拐的，而且满身癞疥，还患着严重的痔疮。而登徒大夫却喜欢得不行，竟然还同她生了五个孩子。

邻女窥墙

宋玉问楚襄王：您看，究竟是谁好色？

事情的起因是：大夫登徒子，在楚襄王面前说宋玉是好色之人，又长得十分俊俏好看，要楚王不让宋玉出入后宫，否则会有不测之事发生。于是楚襄王便把宋玉找来问话，宋玉说："没有这回事。相反，好色的不是我，恰恰就是登徒子自己。"楚襄王问他有什么根据。宋玉就口才非凡说了以上所述。就这样一番谬论，楚王竟然判定登徒子的确是个好色之人。从此登徒子就背上了好色的骂名，世人以此把登徒子作为好色者的代表，称好色的人就叫做"登徒浪子"。

也由于这篇《登徒子好色赋》，后世称美女也有叫做"东家之子"或"东家之女"。也有称美女为"东邻"的，如唐朝李白的诗句："自古有秀色，西施与东邻"。

如果评选中国历史上最冤一百个男人，登徒子一定榜上有名。其实以宋玉所说的理由，现在看来是荒唐的、可笑的。先不说宋玉是否真与这样的美女为邻。

但是如果宋玉对那美女要是一点意思都没有，又怎么会清楚地说出她看了他三年，只有一个理由，说明宋玉是时时注意着她的。

登徒子虽然向楚王说宋玉的坏话，但是并不能因为登徒子的妻子丑陋就断言登徒子就是个好色之人。

实际上登徒子是恪守了糟糠之妻不可弃的做人原则，把他不在意妻子容貌的品格看作好色，个人觉得是有失公允的。

宋玉虽然无辜，但为了维护自己无辜就否定登徒子，实际上他和登徒

《登徒子好色赋》是战国时期楚国文学家宋玉的辞赋作品。

子一样，都是诽谤对方而诬陷对方好色，只不过他比登徒子有成就罢了，博得了同情也就成被冤枉者，成了君子而已。

其实，当今网络发达，是一个前所未有的信息大爆发的时代。所以无论看到什么事、听到什么事，自己多独立思考。不要急于马上下一个定论，因为很多事一旦只要冷静的思考和探究，一定会从中发现端倪。所以我们都要做到遇事当下不定论。

珠圆玉润是卫玠

如果说珠圆玉润最早是形容男子的，不知道中国现在的美女们作何感想。珠圆玉润其实是形容中国历史上第一美男子，"无一功利而得墨于青史"的卫玠。

卫玠可以说是中国历史上唯一单纯因为帅而上史书的了。卫玠到底长什么样？现在的我们不得而知，但是史料记载他"风神秀异，珠圆玉润"。

卫玠（286年—312年），字叔宝，河东安邑（今山西夏县北）人，晋朝玄学家、官员，中国古代四大美男之一。其祖父卫瓘，晋惠帝时就官至太保，父亲卫恒，官至尚书郎，是著名书法家。

卫玠是魏晋之际继何晏、王弼之后的著名清谈名士和玄学家，官至太子洗马（太子洗马是辅佐太子，教太子政事、文理的官员，官居三品）。

《晋书·卫玠传》言"澄及王玄、王济并有盛名，皆出玠下"。通篇都在说他如何美，也是因为太美了，引起大众趋之若鹜，将卫玠团团围住，久久不肯放卫玠离去，直到卫玠身亡。

魏晋之时，整个社会到处弥漫着浓郁的脂粉之气，不但看重一个士人出身家世，更是对其相貌尤为看重。如果想要得到各阶层认可必须才貌双全，更甚者，就算没有才华单凭相貌也可以有前途。

但如果只有才无貌，那就很是郁闷了。比如那个写了《三都赋》使得"洛阳纸贵"的作者左思，一部大赋可谓名动京华，京中佳丽闺间私语，皆以为左思是人如美玉、非比寻常。那左大才子，不自量力也因受人蛊惑，从家乡启程去京城一展风采。

左思画像

不曾想，不料洛阳的佳丽千金们一见左思相貌丑陋，不但顿时大失所望，竟然还家家关门闭户以待之，还公然指责他游戏文字，欺骗

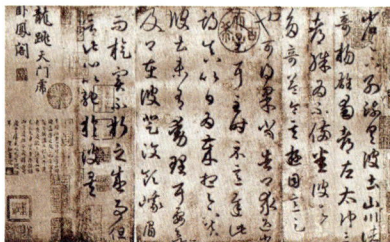

《三都赋》

众良善家少女的感情！这是正史记载的魏晋当时社会的真实情况，重颜值，不重才华甚至是人品，细细想来，如今之世也真是和魏晋之时如出一辙。

卫玠五岁时神态就异于常人，他的祖父卫瓘就曾说卫玠与众不同，只是自己年纪大了，看不到他长大成人的那一天。

卫玠年少时乘坐羊车到街市去，看到他的人都以为是玉人，人们都去观看他。骠骑将军王济是卫玠的舅舅，英俊豪爽有风度姿容，每次见到卫玠，叹息说珠玉在身旁，就觉得自己形貌丑陋。又曾对别人说，与卫玠一同出游，就像有光亮的珠子在旁边，光彩照人。

卫玠成婚较早，但他的夫人去世也早。不过在这里有必要介绍一下他的老泰山，因为这和"冰清玉洁"有关。

晋朝有个人叫乐广，这个人当过很多官，官不小，有政声，名望很高，说话得体，非常宽厚。所以，每每他离职的时候，都被大家思念。此人与"冰清玉洁"有什么关系呢？因为历史上对乐广人品、道德的评价就是冰清玉洁，像冰一样清，像美玉一样没有瑕疵。

所以现在看到此处的你知道了，原来冰清玉洁，最早也不是形容女性的，而是形容男性的。

这个冰清玉洁的乐广有个闺女，嫁给了当时很有名的一个人，此人就是中国历史上第一美男子卫玠。

当时魏晋之际的文人形容人长得好、品质好时，就喜欢用珠或者玉来形容，得此称呼的历史人物还有裴楷、王戎等。这里就不一一表述了。

魏晋南北朝是个美男如玉的年代，但光靠俊美，还不足以成为当时大众的偶像明星，卫玠有着一项绝技——清谈。

清谈其实是一项很累人的脑力活动，毕竟那是一种高度的抽象思维活动。由于卫玠是当时有名的清谈高手，母亲王氏怕他太累，影响身体健康，而且政治问题太敏感，最好避开，就限制他尽量少说话，因此卫玠一般都保持缄默，但是一旦开口，那便会口

"竹林七贤"清谈

若悬河，一发不可收拾，立时就能把四座的人给折服。

（卫玠经常认为金无足赤、人无完人，只要不是蓄意犯上，可以按事之情理处置，不宜重刑典罚。因此史料记载，他至死都没有在容颜上表露喜怒。）

　　琅琊人王澄，算是名士中有名望的清谈玄理大腕了，但一旦听到卫玠玄理大论，每每都会为他"倾倒"。王澄很少推崇别人，每当听到卫玠的言论，就会不禁叹息和为之倾倒。为此当时世人评论："卫玠谈道，王澄倾倒。"王澄与王玄、王济虽都有盛名，但都在卫玠之下，世人皆说："王家三子，不如卫家一儿。"

　　卫玠在众多的美男中，又以其独特的病态美更惹美眉们怜爱，每次他坐着白羊车穿行在洛阳街上，远远望去，就仿佛白玉雕成的塑像，所以当时人们都叫他"璧人"。

　　像卫玠这样的璧人出门简直是一场灾难，每次都造成城中交通瘫痪，因为来欣赏他的爱美之人实在太多了，里三层外三层地围着，真是"观者如潮涌"。令人不得不叹服的是，卫玠的美超越了性别，就连男人看了也怦然心动。所以卫玠每次外出，整个洛阳倾城而出，站在路边欣赏花样美男，真是一时间万人空巷。

　　永嘉四年（310年），当时中原战乱渐起，卫玠因天下大乱，打算搬家到南方，他母亲王氏说她不能舍下卫玠的哥哥卫璪离开（卫玠的兄长卫璪当时担任散骑侍郎，在宫内侍奉晋怀帝司马炽）。

　　卫玠和母亲讲道理讲大义，为了家声和门户大计，王氏流着泪答应了他。卫玠临别前，对兄长卫璪说："恭敬事君、事父、事师的道义，是人们所看重的。如今正是兄长献身事君的时候了，兄长自当勉之。"然后亲自护送母亲搬到江夏（今湖北武汉）居住。

　　安顿好母亲之后，卫玠进入豫章（今江西南昌）。当时大将军王敦镇守豫章，长史谢鲲先前就一直尊重卫玠，相见之后很是高兴，相交欢谈了一整天。

王敦对谢鲲说："过去王弼在朝中的谈吐像金声，此人在江表的言论如玉振，精微言论，断绝了又续接。没想到永嘉末年，又听到正始年间的声音，何晏如果还在，一定倾倒。"

西晋怀帝永嘉六年（312年），卫玠因王敦豪爽不合群，好居人上，觉得这样的人不像是朝廷的忠臣，于是起身前往建邺（今江苏南京）谋求发展。

在卫玠到达建邺之前，关于他的美貌、清谈早就流传在建邺的大街小巷了。所以当卫玠6月20日到达建邺之时，整个建邺都沸腾了，建邺城中的人们倾城而出，把卫玠围了个水泄不通，当时秩序极度混乱，卫玠本已旅途劳累不堪，世人因为极度兴奋久久不愿离去，再加上被围堵着空气混浊，卫玠本身又是个体弱多病的人，一时坚持不住，就这样被活活"看死"，撒手人寰，年仅27岁。时人谓之"看杀卫玠"。此事《晋书·卫玠传》、《世说新语》等古籍上都有记载。

卫玠死时，谢鲲哭得很悲痛，有人问他为何如此悲伤，谢鲲回答说，栋梁断了，因而悲哀。卫玠死后先是葬在南昌，咸和年间（326年—334年），卫玠改葬于江宁。丞相王导告谕说："卫洗马，此人是风流名士，海内仰望，确实应该改葬。"

中国历史上第一美男子就这样结束了自己短暂的一生，真可谓天妒红颜，但这样的死法也真算得上是一种最离奇的死法吧。

一代高僧是法海

　　但凡只要提到法海，人们几乎没有不恨的，为什么？因为中国人认为令人扼腕叹息的凄美爱情，除了梁山伯与祝英台就是许仙和白娘子了。法海就是那个拆散许仙和白娘子，并把白素贞压在雷峰塔下的罪魁祸首。

　　这些都是胡编乱造，信口雌黄。历史上真实的法海禅师，其实是一位真正慈悲的大德高僧。

　　法海禅师是唐代著名高僧，俗姓裴、字文德，是唐代名相裴休之子。其父宰相裴休，字公美，唐代济源人，出身名宦之门，世代奉佛。他在唐长庆年间（821-824）考中进士，历任节度使、礼部尚书、太子少师等职。大中六年（852），裴休升任中书门下平章事（宰相），居相位五年，为官廉洁、治理有方、博学多才、文书俱佳。其身后《新唐书》《旧唐书》都曾为他立传。

法海禅师画像

　　裴休是虔诚的佛教信徒，高僧黄檗希运禅师的弟子。裴休任宰相之后，儿子裴文德，年纪轻轻就中了状元，被皇帝封为翰林。与一般高僧的出家经历

宰相裴休画像

不同，法海禅师是在父亲裴休指令下出家的。

据宁乡沩山寺记载：唐宣宗大中三年（公元849年），宣宗的皇子得恶疾，看尽天下名医均不奏效，为表忠心，当时已任宰相的裴休捐建密印寺（位于湖南省宁乡县境内），并送自己的儿子裴文德代皇子出家，以期上天能护佑皇子恶疾消除。

于是少年的裴文德便接受父命，落发密印寺，拜在灵佑禅师座下成为弟子。

密印寺主持灵佑禅师为裴文德赐法号"法海"。剃度以后，灵佑禅师日日命法海以苦修行，安排他做运水搬柴之类的苦差，以磨砺他的傲气。这位出家前为翰林的宰相之子，在起初为僧众挑水担柴时，因为记着父亲送他出家时的教诲，虽然劳作辛苦，还能忍受。但是，灵佑禅师让他长年累月地挑水砍柴，他渐渐地便生起了烦恼，开始对这种艰苦的

灵佑大师画像，沩山灵佑（771年—853年），唐代高僧。

劳役产生了抱怨情绪。每当干活时，他心中都充满了怨气。但是，他又不能违背父亲的命令，只能暂时忍受这份身心的痛苦。

法海劈柴近三年，又为常住五百余僧众运送生活用水近三年。

一次裴文德像往常一样为大众担水，以供食堂做饭用。他来回几趟担水，累得满头大汗，这时他不满地自言自语道："翰林担水汗淋腰，和尚吃了怎能消？"这时灵佑禅师正好从他身后经过，听到裴文德的抱怨之声，便微微一笑，也念了两首偈语回答说："老僧一炷香，能消万劫粮。"裴文德当时没想到灵佑禅

师会在自己身后，但他听到灵祐禅师充满禅机的偈语后，大为惭愧，从此收摄身心，以苦修行。

法海禅师的胞姐曾因挂念亲弟弟，远道由都城来看望法海禅师。因不忍亲弟弟如此长途往来运水的折腾，乃向寺院施舍钱财，为常住修建了工程浩大的饮水碥，当地民众美其名曰"美女碥"，从此解决了沩山全山大众长途搬运生活用水的困难，直到今天，这条饮水的碥石还依稀存在。造碥通水成为禅宗丛林的公案，并传为佳话。

不久之后，在结束寺院多年的劳役苦行之后，为了能够深入经藏，研读教典，法海禅师决定，闭关三年，专心参禅阅藏。在三年的闭关生活中，法海禅师心无旁鹜，一心参禅。

三年圆满时，师父灵祐禅师亲自到关门外直呼"法海"。禅师在关中应声而出，闭关房的门窗毫无损坏，是圆满得道的标志。

三年的闭关，法海禅师不仅完全通达三藏教理，而且修证水平也得到全面的提升。在跟随灵祐禅师修学多年之后，在灵祐禅师的建议下，法海禅师决定外出参学，寻求禅法的真谛。

慧远大师，法名释慧远，俗姓贾氏，男，（334年—416年），山西代县人，历史上著名高僧之一，是净土宗的开山祖师、创始人之一、庐山白莲社创始者。

离开沩山密印寺之后，法海禅师先来到东晋高僧慧远大师住锡过的庐山道场参学修道。在庐山，法海禅师效仿前辈高僧的苦行方式，日中一食，夜不倒单，每以禅观度日。法海禅师常以苦行作为修道日课，同参道友因而称他为"裴头陀"。

在庐山修道多年之后，法海禅师又来到江苏镇江氏俘山的一片荒林中驻锡禅修。谁曾想，当地信众告诉禅师，氏俘山中禅师的驻地附近，有一处原是东晋时所建名为"泽心寺"的遗址。

于是法海禅师在密林的荒烟蔓草中寻找，可能是天意使然，法海禅师不但找到了泽心寺的遗址，竟然还寻获了一尊东晋的残佛。

但此时泽心寺寺庙倾毁，杂草丛生。法海禅师见到这满目疮痍的景象，不禁悲从中来，发愿修复这一古刹，同时为了表达对修复古刹的决心，46岁的法海跪在残佛前，燃指一节。

从此，法海身居山洞，开山种田并修复泽心寺。一次，法海禅师挖土修庙时意外挖到一批黄金，数镒(音"议"，古代重量单位，20两为一镒)，尽管修复殿宇急需用钱，但禅师却丝毫没有动用这些黄金，遂即将黄金上交当时镇江太守李琦。

李琦将此事上奏皇上，唐宣宗深为感动，敕令将黄金赐于法海禅师修复庙宇，并敕令泽心寺更名为金山寺，这就是金山寺的由来。

法海禅师重兴梵刹的愿心得到了周围信众的鼎力支持，他们通过捐钱出力等多种方式，积极为禅师修复佛

唐宣宗，李忱(810年—859年)，唐朝第十六位皇帝，唐宪宗李纯第十三子，唐穆宗李恒异母弟。

寺。经过多年的勤苦经营，法海禅师终于建成了规模恢宏、殿阁庄严、别具一格的金山寺。法海禅师也因对修复古刹的特殊贡献，被广大信众尊为金山寺的"开山裴祖"，成为重兴金山寺的第二代开山祖师。法海禅师修建寺院并不是为了自己的安逸，而是为安僧度众。

在金山寺建成之后，他并没有坐享其成，而是功成身退，悄悄离开了自己耗费多年心血建成的金山寺。金山寺志中的"重兴殿宇，功成而不知所至"让后人对这样的一代高僧"不为自己求安乐，但愿众生得离苦"的心愿无比崇仰。

宋相张商英在游金山寺时有感于法海禅师的佛心大德，题诗一首："半间石室安禅地，盖代功名不易磨，白蟒化龙归海去，山中留下老头陀。"

那么诗中的"白蟒化龙归海去"又是怎么一回事呢？

相传：法海禅师到泽心寺之后，在山中经常有一条白色蟒蛇到山路中咬伤行人。山下信众谈蟒色变，没人敢上山烧香礼佛。为了消除蟒蛇给广大信众带

张商英，生于公元1043年，卒于公元1121年，北宋蜀州（四川崇庆）新津人。

来的安全隐患，法海禅师毫无畏惧地与蟒蛇斗智斗勇，并在降伏蟒蛇的过程中被蟒蛇咬伤右臂。虽然受伤，法海禅师也毫不畏惧，凭着自己的法力，降伏白蟒，最终将蟒蛇赶入江中，彻底解除了蟒蛇之患。

也就是因为法海禅师这一事迹，被明代的冯梦龙编入《警世

通言·白娘子永镇雷峰塔》的故事中，成了那个被诟病至今遭到世人痛恨的法海。

如今，在镇江市金山寺的"读经洞"据说就是法海当年的苦修之处。洞中仍有一尊慈慧明心的法海读经的高大坐像，受到众多参观者的瞻仰。

唐代，日本奈良唐招提寺主持护送鉴真大师像回扬州大明寺时顺访金山寺，进法海洞膜拜，见法海塑像，特别审视法海手掌，果然有断指一节，顿时感悌万分。

行文至此，我不禁悲从中来，这样一代的大德高僧怎么会被世人如此误解并遭诟病？问题就在于，世人相信所谓的权威，并以讹传讹。从不独立的思考和认真的探究，这皆是缺乏独立人格所造成的，也是这个问题的根源。

▎百丈禅师轶事 ▎

三十六世百丈怀海禅师

百丈怀海禅师是福建人，为马祖席下最著名的入室弟子，因后住江西百丈山，故世称：百丈禅师。

禅师本姓王，俗名木尊。相传王木尊幼年哑不能语，一日，祖母带他到附近的龙泉寺烧香，在寺中他突然开口说话，但回到家中又成哑巴，于是便落发寺中为僧。

百丈晚年回家乡西山寺住持，重建寺院，于唐宪宗九年（814年）圆寂，享年95岁，谥号"大智怀海禅师"。龙泉寺也因百丈禅师，由此光芒四射，在中国享有崇高声誉，倍受唐代皇室重视，懿宗皇帝亲笔题写龙泉禅寺山门匾额。

历史上流传的关于禅师的故事有很多，比如一日不作、一日不食。

禅师九十四岁时，还与弟子们一起劳作。有一次，弟子们心疼他如此高龄还要劳作，所以悄悄地把他的农具藏了起来，想让他好好休息、颐养天年。

禅师知道后说："我没有什么德

行，怎么敢让别人养着我呢？"所以，虽然当天他没有参加劳作，但也没有吃饭。百丈禅师就是用这样的方式告诫他的弟子们，一日不作、一日不食。

由此"一日不作，一日不食"的风尚，成为千古传颂的佳句名言。

| 千金的由来 |

"千金"一词由来已久，也一直被当下世人用来庆贺女婴出生或作为恭称来使用。所以人们也就理所当然地以为是特指女性的称谓。

其实"千金"一词最早被用于对南朝梁时的谢朏的评价。

谢朏乃三朝元老谢庄之子，因其十岁时就文采出众，受到琅琊王景文"神童"的称赞，谢庄抚其背说，这真是我们家的千金啊。

庄游土山赋诗，使朏命篇，朏揽笔便就。琅琊王景文谓庄曰：贤子足称神童，复为后来特进。庄笑，因抚朏背曰："真吾家千金。"——《梁书·谢弘微传附谢朏》

《梁书》包含本纪六卷、列传五十卷，无表、无志。它主要记述了南朝萧齐末年的政治和萧梁皇朝（502年—557年）五十余年的史事。

从谢朏被称为"千金"开始，历史上有很长一段时间都用这两字比喻出类拔萃的少年男子。但把少女称作千金或千金小姐，最早的文字记载于元代曲作家张国宾所写的杂剧《薛仁贵荣归故里》第四折"你乃是官宦人家的千金小姐，请自稳便"。

自此，乃至明清之后，各戏剧杂文逐渐以此来称谓官宦富贵

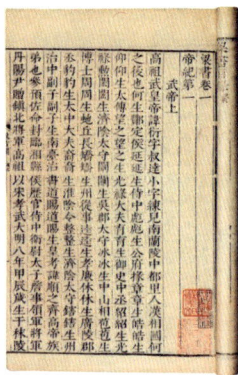

之家女子。

但很少人知道"千金"一词的历史由来，是极其悲剧的。

公元前522年，伍子胥的父、兄被楚平王杀害后，伍子胥匆忙逃离楚国。在投奔吴国的途中他狼狈不堪、饥困交加，难以维持。

此时，见一河边浣纱姑娘的竹筐里有饭食，便上前求乞。浣纱姑娘先是害怕，以为路遇歹人，慌张之余高声呼救，伍子胥情急之下便将自己的遭遇和前往吴国谋图大志以报血海深仇的实情相告之。

浣纱姑娘心生恻隐，便将自己的饭食赠与伍子胥，伍子胥饱餐之后，出于安全原因，要求对方为他保密。

浣纱姑娘欣然答应，不会说出他的行踪。但伍子胥走了一段路之后回头跟浣纱姑娘强调一遍又一遍，一而再再而

伍子胥（公元前559年—公元前484年），名员，字子胥，本楚国椒邑人，春秋末期吴国大夫、军事家。

三，要求浣纱姑娘为他的行踪保密。谁知浣纱姑娘性格刚烈，见伍子胥如此不肯相信她，只有自己死了，才能替他保密，于是她随即抱起一石，投河而死。伍子胥见状，伤感不已。他咬破手指，在河边石上写下血书："尔浣纱，我行乞；我腹饱，尔身溺。十年之后，千金报德！"

后来，伍子胥在吴国当了国相，吴王调遣劲旅攻入楚国。公元前506年，伍子胥"掘楚平王墓，其尸鞭之三百"。伍子胥报了大仇之后，又想到要报恩，但苦于不知浣纱姑娘家地址，于是就把千金投入她当时跳河的地方。这就是千金之女的由来。

当时情况的真实性到底如何？未尝可知，我们也只能根据史

料参考而已。具体也只有伍子胥自己最清楚了,这里我们不作过多的讨论。

但由此,发现原本我们以为毋庸置疑的,事实上却是南辕北辙。所以需要我们去思考和探究、不要人云亦云,更不要因为所谓权威的定论而放弃对真相的探究和思考,因为真相往往并不是如人们所认为的那样,正如下文中所提到的所有中国人都熟知的"读书人"这三个字。

急煞读书人

"读书人"在当下世人的认知中一般泛指受过高等教育的人，也是对有知识、有文化之人的称谓。

但事实上原本读书人是一个官职名称，在这里我不得不讲一个人——南朝梁元帝萧绎。

梁元帝生于公元508年，是历史上著名的梁武帝——萧衍的第七个儿子，梁简文帝萧纲之弟。

南朝梁武帝萧衍画像

梁武帝萧衍（464年—549年），字叔达，南北朝时期梁朝政权的建立者。

据南史记载：一天，萧衍梦见一独目僧手执香炉，对他说要托生王宫，随后就有了萧绎。萧绎，字世诚，小字七符，自号金楼子，南兰陵（今江苏常州）人。南北朝时期梁代皇帝（552年—554年在位）。

萧绎在登皇位之前作为皇子，在相对平静的时期内，不贪慕醉生梦死的贵族生活，勤奋读书、著书。

每每长夜之中，在绛纱蚊帐中点烛看书，常常通宵不睡，自称一天能读史书二十卷，如此嗜书如命以至一只眼睛失明。

南朝梁元帝萧绎画像

为保两全，既能读书又不伤眼，萧绎在府中特设立读书郎一职，让读书人读书给他听，废寝忘食、彻夜不停。更甚者，有的读书郎因长时间读经史专著导致体力不支而昏厥。

萧绎或许是身体残疾的缘故，性格比较极端，猜疑、妒忌成性。他容不得有人比他有才气，朝野众知萧绎姑姑的孩子很有才气，萧绎听闻很是嫉妒，但也没有其他的办法。于是就让他一个宠妾的哥哥把名字改成了他姑父的名字，以此来泄愤。听闻当时有个叫刘之遴的人，颇具才情，世人皆称道，萧绎也难以忍受，就密派手下下毒，致刘之遴于死地。除人性之外，萧绎在政治上也被后世史家多为诟病。

萧绎于公元514年封湘东王，公元547年出荆州，历任荆州刺史、使持节、都督荆雍湘司郢宁梁南北秦九州诸军事、镇西将军。

侯景之乱时，梁武帝遣人至荆州宣读密诏，授萧绎为侍中、假黄钺、大都督中外诸军事、司徒承制，其余职务如故。

公元549年，萧绎借侯景之手将自己的父亲梁武帝饿死台城后，发兵攻灭自己的侄儿河东王萧誉与哥哥邵陵王萧纶，并击退襄阳都督萧詧（萧誉之兄弟）的来犯，之后再命王僧辩率军东下消灭侯景。

公元552年，侯景死后，萧绎即帝位于江陵。当时，群臣中有人建议返回旧都建康，但萧绎没有同意。

萧绎即帝位之后，其弟武陵王萧纪称帝于益州，于是萧绎使派兵前往四川消灭萧纪，同时也请求西魏出兵。此举给了西魏可乘之机，益州因此沦落敌手。

554年，萧绎给西魏宇文泰写信，要求按照旧图重新划定疆界，言辞极为傲慢。宇文泰大为不满，命令常山公于谨、大将军杨忠等将领以5万兵马进攻江陵（今湖北江陵县）。梁元帝战败，城破之时烧尽自己一生所藏的十四万卷藏书，由御史中丞王孝祀作降文，随后率太子等人到西魏军营投降。不久，为襄阳都督萧詧以土袋闷死（后葬于颍陵），江陵阖城老幼被虏入关。

萧绎是一位一生酷爱读书和喜好文学的君主，也是中国宫体诗的代表人物之一，著书以成一家之言的抱负始终是他奋斗的理想。他六岁时便收藏各类书籍，四十六岁时共收得各类书卷八万卷，并自称"韬于文士，愧于武夫"。虽然萧绎性格极端、嫉贤妒能，为夺皇位不择手段，但不可否认的是萧绎在中国历代帝王之中，个人取得文学成就是最高的。

他出生在文学世家，文才十分了得，"四萧"（梁武帝萧衍与三个儿子萧统、萧纲、萧绎）堪比"三曹（曹魏父子曹操、曹丕、曹植），萧绎又是"四萧"之中的佼佼者，文学成就堪称中华帝王之翘楚。也是五千年中国历史长河中出现的数百个帝王之中，唯一留下作为诸子百家学说"子"部著作《金楼子》的帝王。

梁元帝萧绎撰写的《金楼子》是南北朝时期的一部重要子书。一般是采用札记、随感的形式，或前引名言成句，后加自己的看法，或借题发挥以阐发自己的思想，或记述史实以劝诫子女，或追叙往事。

我个人对萧绎的评价主要是两个方面，一是历史、人伦、成败；二是文学地位。虽然文学成就并不能使他成为一个令后人仰视的君主，但他的文学成就和刻苦读书钻研的精神，尤其对一个皇室的皇子来说是难能可贵的，毕竟在这方面值得我们后人学习。不能因其人而废其言，否定他作为中国文学史上一个丰碑式人物的地位。这是我的一家之言，可能有失偏颇，但如果我们摈弃历史对他的评价，只从文学观点出发，我相信大家应该自有定论吧。

红杏出墙是徐娘

地险悠悠天险长，
金陵王气应瑶光。
休夸此地分天下，
只得徐妃半面妆。

这是唐代著名诗人李商隐的《南朝》七绝，诗中所讲的就是梁元帝萧绎与徐昭佩的故事。

李商隐（约813年—约858年），字义山，号玉溪（谿）生，又号樊南生，祖籍怀州河内（今河南焦作沁阳），出生于郑州荥阳（今河南郑州荥阳市），晚唐著名诗人，和杜牧合称为"小李杜"，与温庭筠合称为"温李"。

中国有一句人尽皆知的俗语——"徐娘半老，风韵犹存"。时下常常用来恭维30多岁的少妇，风姿不减当年，不输年轻女孩。但现在大多数人并不知道徐娘是谁？当然也不会知道这句话背后的故事。

其实这个徐娘指的是梁元帝萧绎的王妃——徐昭佩，而提到徐昭佩就不得不提她在南朝历史上著名的半面妆。

据《南史》记载，徐昭佩出生于豪门之家，她是前齐国太尉的孙女，梁朝将军徐琨的女儿，当萧绎还在当湘东王时，她就嫁给了萧绎。徐昭佩自幼娇生惯养，因此性格任性率意，占有欲极强。

她明知萧绎身为皇子，妻妾成群，但是她就是不能容忍，由于自恃出身名门，同时对情爱又十分极欲，使得她行为越来越跋扈和乖张，对于萧绎的态度也越来越出格。

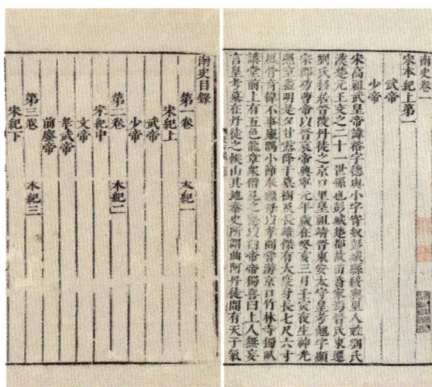

《南史》为唐朝李延寿撰，是中国历代官修正史"二十四史"之一。记载南朝宋、齐、梁、陈四国一百七十年史事。

梁元帝萧绎勤于读书导致一目失明，与萧绎相处时，徐昭佩只画半边的妆，美其名曰"半面妆"，并还振振有词是因为你只有一只眼可以看见，那我为何还要把妆画全呢？

徐昭佩通过羞辱萧绎一眼失明的残疾，来宣泄自己因极欲而产生的苦闷。就算放在当今社会，以她自恃出身显贵，就可以这样肆无忌惮地嘲弄自己丈夫残疾的行为，不但不会被接受，还会遭到全社会的指责和声讨，更何况是当时的伦理社会。

不仅如此，她借酒消愁常常喝醉，并将呕吐物呕吐在梁元帝萧绎的衣袍上。试问天下哪个丈夫受得了这样的妻子？于是萧绎开始渐渐疏远她。而徐昭佩并没有反省自身的问题，不甘寂寞的她干出了于情于理于法都不容的事情。

徐昭佩竟然开始找情夫了，她先是结识了荆州瑶光寺的一个风流道士——智远，后来又结识上当时朝中的美男子——暨季江。同时，徐昭佩又和当时的一个叫贺徽的诗人，在一个尼姑庵约会，并在"白角枕"上"一唱一和"，做尽野合之事。此时她已是个30多岁的妇女，狐朋狗友问暨季江，徐昭佩滋味如何？

暨季江说道："柏直狗虽老犹能猎，萧溧阳马虽老犹骏，徐娘虽老犹尚多情。"这就是"徐娘半老"四字的典故出处。

从这段话可以看出徐昭佩在这些情夫心中的地位，竟把她和狗马相提并论。徐昭佩的这些种种行为，梁元帝萧绎不能容忍。（当然，相信这个世界上没有几个丈夫可以忍受自己的妻子有这样的行为。）但让梁元帝萧绎最不能接受的是，徐昭佩因妒忌他的另一个妃子比她得宠，并且还怀上萧绎的骨肉，于是徐昭佩手刃了这个已怀身孕的侧室。

于是，梁元帝萧绎让徐昭佩自裁，徐昭佩选择了投井。萧绎在她投井之后，命人将她的遗骸捞起来送还她的娘家，声言这是"出妻"。其实是既不想让徐昭佩下葬于族中，也可以将她从族谱之中勾除。徐昭佩的人生最终悲剧地收场了。

相信看完这个故事的你，一定不会再用"徐娘半老、风韵犹存"这句话去恭维稍上年纪的女性了。现在很多人在对自身文化的缺失下，已经把丑作美、以臭当香了，这不能不说也是一种悲剧！

| 五花八门是兵法 |

中国人都知道"五花八门"的成语，现下的解释是五种花：金菊花、木棉花、水仙花、火棘花、土牛花。

晚清末年，这个成语用来比喻卖茶女、游方郎中、卖唱歌女、街头杂耍和苦力这五种社会底层的人群。

而"八门"是指世俗中的八种职业。即：金、皮、彩、挂、评、团、调、柳。

"金"是江湖艺人管相面算卦的总称。

"皮"是卖药的总称。

"彩"是指变戏法的，又称"彩立子"，变洋戏法的叫"色唐立子"。

"挂"是街头、庙会练把式卖艺的，调侃一点的叫他们为"挂子行"。

"评"是说评书的。

"团"是说相声的，又叫"团春"。

"调"是指扎纸，办丧时购置烧给死者。晚清末年也指卖鸦片的。

"柳"是指唱大鼓的，有奉天调、乐亭调、梅花调、梨花调等。

这八个字其实是北方所说的五行八作，因世人以讹传讹，所以世人都误作为是五花八门的意思和由来。

五花八门的真正意思，指的是中国冷兵器时期，兵家敌前对阵时所用的阵法（中国是东方战阵的鼻祖）。

中国最早的阵法，传说始于黄帝，黄帝为战胜蚩尤，从九天玄女那里学到天一遁甲阵法，但这只是传说。有据可考的是在商朝后期。公元前12世纪，商王武乙到武丁编制了左、中、右"三师"，从"三师"的命名来看，当时殷商的军队已经采用了固定的阵形。

公元前1066年，历史记载周武王伐纣，"周师三百五十乘，陈于牧野"，而"陈"就是现在我们所说的布阵。

早期的阵形比较简单，按照"三师"的编制，呈一字或者方形排列，阵战法在西周和春秋时代开始盛行并发展和演变，当时常见的作战样式是：敌我两军在某地会战，双方列阵展开并进行攻防转换，各方主帅各居中军，临阵决断、阵前指挥和调度（调度最早其实是军事用语）。

中国的阵法是在春秋和战国时期开始体系化发展，如《六韬》《吴子》和《孙膑兵法》。

《六韬》又称《太公兵法》，相传为西周姜尚所著，后据考正为古人伪托，成书的时间在先秦或者汉初，学术界至今尚无定论。《吴子》是战国名将吴起的兵法。以上两部兵法主要讲的是车阵战法。

1972年出土的《孙膑兵法》，里面讲述了十种阵形（方阵、圆阵、锥行之阵等）及如何进行步军配合的战术使用方法。可以说是中国乃至世界协同作战的鼻祖。相传同时代的《尉缭子》有"阵形篇"，也是与《孙膑兵法》相似的，但可惜现在已经失传，无法考证了。

自秦汉之后，步骑协同逐渐取代战车，成为军队的主要编成，所以阵法又有了新的变化和发展。

其中的代表就是著名的"武侯八阵"，蜀汉武侯诸葛亮推演兵法，作五门八卦阵图，主要讲述行军布阵之法。（所谓阵图，就是将阵法绘制成图形，画在锦上、纸上、地上或者用砂石堆砌，形成直观的实物，这就是阵图。）诸葛亮纪录阵法的文字并没有流传下来，八阵图在唐代后期就已失传。

但是诸葛亮曾经垒石作八阵图，据说鱼腹江边的八八六十四堆垒石遗迹，就是诸葛亮所遗留的五门八阵图。

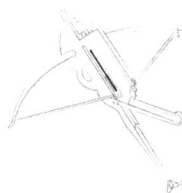

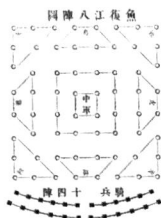

五门八阵其实是一种集团方阵，用五行中的金、木、水、火、土所代表的白、青、黑、赤、黄五种颜色的战旗区分作战区域。

八阵中有八个小阵分布在中央的中阵四周的八个方向上，八阵的中央是大将，金鼓旗帜，以及直属的兵马，也就是中军。

根据诸葛亮八阵图留下的只言片语，我们知道每个方向的阵编组为六小阵，每个小阵都有天、地、风、云、龙、虎、鸟、蛇等代号。中阵编组为十六小阵，整个大方阵共有六十四小阵，正好符合鱼腹江垒石遗迹的八八六十四堆垒石的数量。

大方阵之后可能还有游骑构成的二十四小阵，一共是八十八小阵。这些小方阵可以是骑兵、步兵、车队，由几十到几百人不等组成，前排为弓弩手、中间为长兵器手、后排为短兵器手，有时排列顺序也可以因时因地而不同。这就是《李唐问对》中的"阵数有九"的说法，所以宋代还有将八阵叫做九军阵的。

"武侯八阵"属于防御性阵型，其显著的特点是没有部署上的弱点，任何方向遭受攻击，相邻的阵可以自动变为两翼，保护支援遭受攻击之阵，而整体大阵不需要做出任何的改变。在受到敌方骑兵纵队冲击时，为了迟滞敌人进攻，

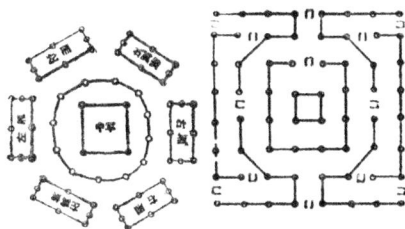

李靖内环之阙外四之左六花阵图（见《武备志》卷六十）

李靖用隔蔷讷连曲折相对改八阵为六阵图（见《武备志》卷六十）

发挥蜀军弩兵的威力，还设置冲车、鹿角、铁蒺藜等障碍。

"武侯八阵"流传后世，影响极广。唐代的李靖就是在"武侯八阵"的基础上，编练六花阵。所谓六花阵，就是像"六出花"的阵型。中军居中，中军周围分布前军、左军、左虞侯军、后军、右军、右虞侯军，据《唐太宗与李卫公问对》记载，六花阵有圆阵、方阵、曲阵、纵阵、锐阵五个阵型，这五种阵型各有五种变化，共有二十五种变化，大将可根据不同的敌情、地形、攻防等需要采用不同的阵法。

由此又在此基础上，后世衍生出如：一字长蛇阵、二龙出水阵、天地人三才阵、四门兜底阵、五虎巴山阵、六甲迷魂阵、七擒七纵阵、八卦阴阳子母阵、九宫八卦阵、十面埋伏阵，十种对战攻防的阵法。

这里我根据家学讲述，简单叙述一下十种阵法的变化。

如：敌方攻打我一字长蛇阵的头或尾，另一头转过来，形成二龙出水阵。敌直逼我阵形中部，我中间向前，形成天地三才阵。两头回撤，形成四门兜底阵，互相穿插，变成五虎巴山阵。然后按照六丁六甲排列，即六甲迷魂阵。随后一半拉成线（可随意变化），一半如同四门兜底阵一般，即北斗七星阵。环绕一圈，

按八卦阵布阵，留八个出口，变成方形，即八卦阴阳子母阵（又叫八门金锁阵）。按九宫排列，每格兵将穿插，逐渐如同一体，互相交穿，即九宫八卦阵（也叫九字连环阵）。最后变成十面埋伏阵，十阵变化无穷，难以抵挡。

这里有必要提一下，虽然八阵图在唐代中后期失传了，但倒是日本的遣唐使将"武侯八阵"带回了日本并发展形成所谓的武田八阵。天平宝字四年（760年）十一月十日，授刀舍人春日部三关、中卫舍人土师宿祢、关成等六人与太宰府的大弐吉备真备等将开始在军中演练"武侯八阵"和孙子的"九地"。此后，自源平合战始，在实战中普遍地使用。"武侯八阵"经过日本历次战争的洗礼，结合日本的实际，发展成为鱼鳞、锋矢、鹤翼、偃月、方圆、雁行、长蛇、衡轭，编成这八阵的是日本战国名将武田信玄，因此称作"武田八阵"。

这是题外话，我们不作过多表述，行文至此相信大家已知晓"五花八门"这简单的四个字里，蕴含了多大的中华文明的军事智慧。

但从中我们应该认识到一个问题，对于中华文明价值，现在我们是否能认识彻底？对中华文明的保护我们是否无愧于心？希望这不是个无解的提问。

庆元党案——欺世盗名是朱熹

只要一说"存天理，灭人欲"，世人必然会联想到朱熹和那个振臂高呼人伦纲常不可违的大义凛然道学形象。

但在这里我要从南宋历史上著名的庆元党案中，让大家认识一下你所不知道的朱熹。这个案件为何而起？这要先从朱熹弹劾唐仲友案开始讲起。

朱熹（1130年9月15日—1200年4月23日），字元晦，又字仲晦，号晦庵，晚称晦翁，谥文，世称朱文公。

因唐仲友的永康学派与朱熹自成一派的理学存在分歧，特别在治国理念上反对朱熹的理念。故，二人素来不和，并由此形成了不同的政治阵营，进而恶化成官场上的党派之争。

唐仲友（1135年—1187年），南宋思想家，雕刻出版家。

所以公元1182年（南宋淳熙九年），当朱熹任浙东常平使，巡行台州时，就开始着手搜罗台州太守唐仲友的罪证。

六次上书弹劾唐仲友，"违法扰民，贪污淫虐，蓄养亡命，偷盗官钱"等等，其中还有一条就是千百年来屡试不爽的"个人作风问题"。

朱熹听闻唐仲友与营妓严蕊交往甚密，便决定从严蕊下手

（只因唐仲友为严蕊、王惠等4人落籍，回黄岩与母居住）。

朱熹令黄岩通判抓捕严蕊，想从严蕊身上打开缺口，从而坐实唐仲友官风腐败的罪证。

严蕊，原姓周，字幼芳，南宋中期女词人。

估计朱熹认为妓女必定是无情无义的，也必定都是只求自保的低贱之人。所以他自认为稳操胜券，开始对柔弱的严蕊展开严酷的审讯。

据记载：严蕊在被关押的两个多月中"一再受杖，委顿几死"。（我们姑且不论是否事出有因，但一个在当时誉满朝堂的堂堂大学者，频繁的对一个弱势妓女严刑拷打，为达目的使用如此残酷的手段，不仅毫无学士风雅，也实非君子所为。）

可出乎朱熹意料的是，孱弱的严蕊却表现得如烈士般的坚定，任凭拷打，始终没有屈服，凛然说道："身为贱妓，纵使与太守有染，罪不致死。然，是非真伪，岂可妄言以污士大夫。虽死不可污也！"

意思是：我身为一个下贱的妓女，即便是和太守有男欢女爱，也不至于如此严刑逼供。更何况根本就没有这件事，为什么要去诬陷和玷污一个士大夫视若生命的名节呢？就算死！我也不会去这么做！（受尽折磨，虽死也不愿玷污一个士大夫的名节，严蕊如此忠烈实为世间奇女子也。我真是替这位同为士大夫的朱熹汗颜。）

由于一个妓女如此忠烈，消息传出一时，朝野纷纷、道路风传、坊间舆情鼎沸。很快这起案件便惊动了当朝皇帝——宋孝宗，宋孝宗下旨将朱熹调任，由岳飞的后人岳霖接任，岳霖接任后再次审理此案，实在是没有任何的证据，就如实上奏宋孝宗查无实据。

宋孝宗为朝局平稳，下旨"此秀才斗闲气耳"息事宁人，严蕊这才被释放出来。

这场政治博弈失利后，朱熹心有不甘。在政治上不但没有打倒唐仲友，还失了人心，输了颜面，并且证明了就算是一个低微的妓女受尽折磨和酷刑，但在大是大非的问题上也是有高尚气节的。

宋孝宗赵昚（1127年11月27日—1194年6月28日），宋太祖七世孙，南宋第二位皇帝，宋朝第十一位皇帝。

为了挽回颜面，朱熹又再次上奏宋孝宗，告发已流传于坊间的《卜算子》并非是严蕊在狱中所作，实乃唐仲友的亲戚高宣教所作。当然宋孝宗皇帝并没有理会此事，也就不了了之了。

不论此事是否属实，身为一个朝廷大员如此咬住一孱弱的女子不放，实在是大可不必。倒是"去也终须去，住也如何住。若得山花插满头，莫问奴归处"的严蕊则显得更超然和淡定了许多。

故事并没有结束，十四年后，《宋史》卷三十七记载："监察御史沈继祖劾朱熹，诏落熹秘阁修撰，罢宫观。"

公元1196年（南宋宁宗庆元二年十二月）监察御史沈继祖向当时已即位的宋宁宗弹劾了朱熹十大罪状。

一、不敬于君；二、不忠于国；三、玩侮朝廷；四、为害风教；五、私故人财等十大罪行，其中还包括：

《宋史》，撰修于元朝末年，全书有本纪47卷，是二十四史中篇幅最庞大的一部官修史书。

"纳尼为妾"、"为害风教"、"诱引尼姑二人以为宠妾，每之官则与之偕行"，"家妇不夫而孕"。

意思是说朱熹曾引诱两个尼姑作侍妾，出去做官时还带在身边招摇过市；朱熹家中的儿媳则在丈夫死后还怀上了孕。

最后，监察御史沈继祖主张将朱熹斩首，以绝"朱学"。这就是前面我所说的"庆元党案"。

整个事件简直就是朱熹十四年前整唐仲友的翻版。只不过是，朱熹用来整人时失败了，而别人来整他时则成功了。

"不忠于国"、"玩侮朝廷"、"私故人财"等等是真是假？我们不能妄言，也有可能是朱熹政敌的迫害。

但"纳尼为妾"、"为害风教"的罪行，就未必是假的。因为众所周知诬陷人，特别是诬陷身居高位的人，凭空捏造肯定是不行的，必须是要有真有假。

特别是以当时朱熹的身份，没人敢轻易风闻言事凭空捏造随意诬陷。宋宁宗即位后，六十五岁的朱熹经宰相赵汝愚推荐，出任焕章阁侍制兼侍讲。他既是皇上老师又是皇上顾问，这是一个什么样的身份，是皇帝身边最亲近的人啊。

更甚者，朱熹的弟子遍布天下，朝廷各级官员中至少五分之一是师出朱熹门下。加之当时朱熹作为一代大儒，

赵汝愚（1140年—1196年2月20日）。南宋宗室名臣、学者，宋太宗赵光义八世孙，汉恭宪王赵元佐七世孙。

一代宗师，只有他以道德衡量别人，哪有人敢用他所倡导的人伦道德去攻讦他的道理。

但事实上朱熹并没有否认。一个以道学扬名的人，"饿死事小，失节事大"的口号喊得山响，特别注重气节的人——朱熹，却一句辩解之言都没有，直接上表认罪："草茅贱士，章句腐儒，唯知伪学之传，岂适明时之用。"同时还承认了自己"私故人财"、"纳其尼女"等数条罪状。

"深省昨非，细寻今是"，表示要悔过自新。所谓的一代大儒顿时狼藉满地。

行书至此，有人一定会认为朱熹是为求自保，被逼无奈（有此观点的人不在少数）。

在此，我提醒大家注意一个细节，在"庆元党案"中，朱熹是没被逮捕入狱和刑讯逼供的，所以就没有屈打成招这一说。

从朱熹主动上表谢罪书的行为来看，如果要对他刑讯逼供的话，他不但没有严蕊的骨气，只怕到时一上夹棍不管什么他都会承认了。

近几百年来，直至今时，为朱熹辩解的人大有人在，我不明白这些人出于什么样的心态和目的，要为朱熹辩护。这种事就算放在当下，相信绝大多数的人都不会轻易承认，这毕竟关于人伦，这毕竟是道德社会的最后底线啊。"纳尼为妾"、"为害风教"朱熹自己都承认了，还有人为他鸣冤叫屈，真是不知所谓。

退一万步讲，哪怕是真有人诬陷，朱熹的气节在哪里？

一个妓女面对严刑逼供受尽折磨，大义凛然至死不从，而这个"饿死事小、失节是大"的一代大儒则主动上表谢罪。

由此可见自古"仗义每从屠狗辈，最是负心读书人"。我想起在人前表现的正义凛然、嫉恶如仇的那些人，面具下的真实面目到底怎么样？值得让人深思。

朱熹之所以有这种"老实"态度，其实是朱熹自己明白事实俱在，不容辩驳，硬扛是不会有好果子吃的。

于是案件很快就有了结果：朱熹被弹劾挂冠，被撤了职。朱熹的得意门生蔡元定被逮捕，解送道州。

一时间，朱熹所谓自成一派的理学，威风扫地，被斥为"伪学"，朱熹被斥为"伪师"，学生被斥为"伪徒"。宋宁宗更是一改之前旧态，下诏命凡荐举为官，一律不取"伪学"之士。曾经风光无限的朱熹就此退出历史舞台。

莫问奴归处

不是爱风尘，似被前身误。

花落花开自有时，总是东君主。

去也终须去。住也如何住。

若得山花插满头，莫问奴归处。

这首《卜算子》是严蕊出狱后写的，严蕊原姓周，字幼芳，汉族，关于她的生卒年历史记载不详。

幼芳出身低微，自小习乐礼诗书，沦为台州营妓后，改艺名为严蕊。自幼聪慧，她善操琴、对棋艺、书画、丝竹也十分精通，学识更是贯通古今，所作的诗词语意清新。

严蕊画像

南宋周密曾在《<齐东野语>卷二十》中记载："天台营妓严蕊，字幼芳，善琴弈歌舞，丝竹书画，色艺冠一时。间作诗词，有新语，颇通古今，善逢迎。四方闻其名，有不远千里而登门者。"

《齐东野语》作者：周密，乃作者不忘祖籍之意，书中所记，多宋元之交的朝廷大事，很多可补史籍之不足

所谓营妓，即是官妓。在宋朝，法律规定，官妓可坐台伺陪官员，但不能同床伺寝，是卖

艺不卖身的。

台州知府唐仲友之所以如此看重严蕊，因在一次酒宴中找严蕊作陪，酒宴中严蕊写下了那首传诵至今的《如梦令》：

> 道是梨花不是。
> 道是杏花不是。
> 白白与红红，别是东风情味。
> 曾记，
> 曾记，
> 人在武陵微醉。

唐仲友十分倾慕严蕊的才华，所以但凡官场宴请，便每每请严蕊琴瑟作陪、诗词唱和助兴。

因为与官场沾了点边，严蕊不幸卷入了一场政治派系斗争，成为南宋一大弹劾案的女主角。因官场上的派系之争，唐仲友与朱熹形同水火，因此当朱熹任浙东常平使，巡行台州时，朱熹连上六疏弹劾唐仲友（有说十疏）。其中一条就是：他与官妓严蕊败坏朝纲。

为找到唐仲友个人作风败坏的罪证，朱熹下令黄岩通判抓捕严蕊，关押在台州和绍兴，施以鞭笞，逼其招供，在被关押了两个多月中，严蕊任凭拷打，自始至终只承认陪酒，不承认与唐仲友有越雷池之事。

一日，严蕊过堂受刑后回到监舍，狱官着实可怜她，吩咐狱中牢卒，不许再难为于她。并好言问道："上司施你刑罚，只不过要你招认，你何不早点招认了？女人家犯淫，极重不过是杖罪，况且已经杖断过了，罪无重科。何苦舍着身子，熬这等苦楚？"

严蕊正言道："身为贱伎，纵是与太守为好，料然不会得死罪，招认了，有何大害？但天下事，真则是真，假则是假，岂可自惜微躯，信口妄言，以污士大夫！今日宁可置我死地，要我诬人，断然是不成的！"

狱官见她辞色凛然，顿时敬意大起，更是叮嘱狱卒过堂用刑那是无法，但在监舍中尽力维持照顾，不可恶言恶行。

严蕊在狱中的两个月里，受尽折磨，却不肯屈从半字。

这正是：规回方竹杖，漆却断纹琴。好物不动念，方成道学心。

以至严蕊放出来后，气息奄奄，只能将息以治杖疮，见不得客。但因至死不肯诬陷唐仲友一事，名播四方，世人钦佩严蕊正气凛然，慕名前来一睹芳容，所以门前车马，反而比以前更盛了。

岳霖，字商卿，到任台州后，官妓们按惯例向到任的长官拜贺。商卿问道："哪个是严蕊？"严蕊上前答应。商卿抬眼一看，见她虽是容颜憔悴，但举止气度有异常人，在众女之中，如鹤立鸡群。商卿知道之前的事，也知道她受尽折磨，甚觉可怜。

因此对严蕊道："闻你长于词翰，你把自家心事，做成一词诉我，我自有主意。"

严蕊施礼领命后，略加构思，便即兴作了《卜算子》。商卿听罢，大加称赏道："你从良之意决矣。此是好事，我当为你做主。"立刻取伎籍来，除了严蕊名字，判与从良。

当时许多世人得知此事后，千金求聘，严蕊却不肯为金而从。

皇亲宗室的近属子弟，因丧了正配，悲哀过切，万念俱灰。身边好友恐他悲伤过度，极力拉他出来散心。并告诉他别处不去，只到严蕊处坐坐，原本不愿出门的他，这才肯同来。

严蕊见此人满面憔悴，一问得知是为丧偶之故，晓得是个有情有义之人，便决议芳心暗许。那宗室也慕严蕊大名，倾心来往多时后便纳了严蕊为妾。

严蕊也一心一意随他，虽然不是夫人正室的身份，但宗室子弟自娶了严蕊之后，竟也不续正室。一根一蒂、一夫一妻地过了一辈子，想来也是严蕊正直立心之福报。

严蕊词作多散佚殆尽，现仅存《如梦令》《鹊桥仙》《卜算子》3首。现将其余一首随文附上：

《鹊桥仙》

碧梧初出，桂花才吐，池上水花微谢。
穿针人在合欢楼，正月露、玉盘高泻。
蛛忙鹊懒，耕慵织倦，空做古今佳话。
人间刚道隔年期，指天上、方才隔夜。

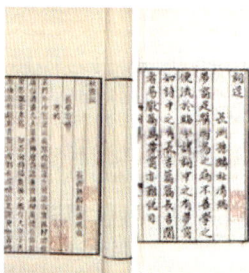

行书至此，我想起在《词迳》中所云："人之品格高者，出笔必清。"所以人除了要"志当存高远"外，更要"胸怀高古之德"，不可为一己之利而丧尽天良，否则人在做，天在看，头顶三尺有神明，不知道什么时候厄运便会降临到你的头上。

《词迳》是孙麟趾创作的文学理论类书籍。

青楼对中国文化的贡献

如今人们的脑海中对"青楼"二字的直观认知，说的文雅一点就是声色犬马之地，所以一定是不会认同青楼对于中国文化是有贡献的这个观点。在展开本文前，让我们先来了解什么是娼和什么是妓。

在中国古代娼和妓是完全不同的两个概念。

娼，是指以出卖自身肉体为职业的人。而妓是卖艺不卖身的，不但需要长的绝色倾城，而且这些伶人，琴棋书画、教坊吹奏无一不通。所收的费用也十分昂贵，一般的市井之辈还请不动。

古代的妓院有提供给文人雅士观赏表演的场地，所以表演场地如勾栏和教坊也因此变成了妓院的别称。

古代的妓女（尤其是明朝之前的）具有很高的艺术和文学水平，妓院实际上是文人雅士社交和欣赏表演、吟咏诗词的场所，甚至有些极具才情的妓女还能成为文人雅士的心灵伴侣，所以古代很多光顾的客人并不只是为了解决性需求。

诗经时代风气开放，是质朴地咏颂男欢女爱的时代。秦汉之后，咏妓之作开始出现，但妓女进入文学伊始，被重视的就是艺而不是色。《古诗十九首》里出现了整篇吟咏妓女的诗作，到了六朝之时，听妓、看妓之作多了起来。

而在中国唐代时进入繁盛时期，《全唐诗》将近5万首中，与

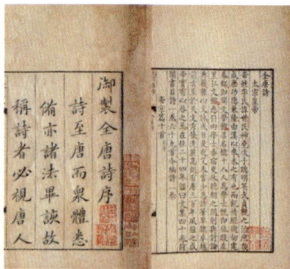

《全唐诗》是清康熙四十四年（1705年），彭定求、沈三曾、杨中讷、汪士鋐、汪绎、俞梅、徐树本、车鼎晋、潘从律、查嗣瑮共十人奉敕编校

妓有关的多达2000多首，约占《全唐诗》的二十分之一。

从初唐到盛唐，青楼妓女在中国文学中大多处于一种被审美观照的历史地位，代表人物和作品，首推诗仙李白和其所作之诗。

中唐开始，在观妓、携妓之外，出现了一批别妓、怀妓、送妓、赠妓、伤妓、悼妓之作，给诗化中的青楼增添了些许的感伤色彩，其中尤其以白居易的诗作颇具代表性。

到了晚唐以后，诗文里的青楼多了一些生活气息，艳浮之作也不少，例如张鷟的《游仙窟》。

《游仙窟》是中国古典文学出版社出版的唐代传奇小说。

比之于诗，词更加真实、更加细致地写出了妓女和客人们微妙曲折的心理情感。所以宋词与青楼的关系要比唐诗与青楼的关系还要密切。宋徽宗赵佶去访名妓李师师时，是以风流士人的身份，为了独获李师师的垂青，与大词人周邦彦斗文，结果不曾想输给了周邦彦。

名垂青史的妓女都不是依靠单纯的姿色，而是依靠她们的艺术才华和与重要士人的交往。比如唐代的名妓薛涛和鱼玄机，宋

李师师，北宋末年青楼歌姬，据传，李师师曾深受宋徽宗喜爱，并得到宋朝著名词人周邦彦的垂青

代的严蕊，明末的董小宛、柳如是、李香君几位，不仅与自己爱慕的士人建立了坚贞的爱情，还能在民族危亡之际，表现出大义凛然的民族气节。

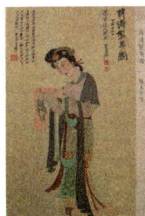

薛涛画像　　鱼玄机画像　　　　董小宛画像　王锡麒的《金　李香君画像
　　　　　　　　　　　　　　　　　　　　　陵名妓柳如是
　　　　　　　　　　　　　　　　　　　　　执扇图》

薛涛（约768—832年），是一个带有传奇色彩的唐代女诗人，字洪度。长安人。薛涛与刘采春，鱼玄机，李冶，并称唐朝四大女诗人。卓文君、薛涛、花蕊夫人、黄娥并称蜀中四大才女。

董小宛（公元1624年—1651年），名白，字小宛，号青莲，江苏苏州人，因家道中落生活贫困而沦落青楼，名隶南京教坊司乐籍，与柳如是、陈圆圆、李香君等同为"秦淮八艳"。

　　如果把当时所有的青楼伶人全部放到现在，可以负责任地说，几乎个个是才女。这些女子只不过是因为当时的生活所迫等原因，而出卖自己的才艺，地位并不是绝对低下的，而且这样的女子往往最后还是能有一个较好的归宿。

　　所以最初青楼妓女一开始，拿现在的话说，是以艺术工作者身份出现的，她们主要的服务对象是统治阶级最为基础的士大夫阶层。士人一般具有中等以上的经济实力，但青楼女子与士人交往，并不是简单的因为其经济实力，而是因为士人比起其他阶层的人来说，更懂得风花雪月、情致格调。不仅懂得欣赏青楼女子的色与艺，而且他们自身的色与艺也反过来使妓女产生审美愉悦。这也是自古以来，才子更须配佳人的道理。

于妓而言，与士人交往的同时，可以抬高自己的身份地位，士人为其吟诗作赋，也可以使得自己获得世间的认可。而对于士人而言，诗或词能被知名的青楼女子传唱，自然使得自己声名远播。可见，士与妓是互有所需，互相欣赏，互相依赖的关系。

除却功利目的之外，士与妓之间还能产生真正的友谊和爱情，互相理解，互相同情，互相尊重，彼此找到人生的慰藉。在这方面为人称道的模范是明代的名妓董小宛嫁给冒辟疆之事，这是一个士妓相恋的典范。

士与妓，可称是中国传统文化中的一对双璧，他们共同创造了灿烂的中国古典文学和艺术，留下了数不清的美丽动人故事。可以这么说，没有青楼，中国文学恐怕要减色一半。

青楼虽然是历史的产物，是男权社会的重要标志，但它对中国古代社会的发展与繁荣做出了不可磨灭的贡献。青楼是中国文化艺术重要的组成部分，研究中国文化如果回避青楼文化，就无法透彻了解中国的艺术和中国的文学。

同时，青楼还是古代最重要的消费场所，不仅自身商品消费巨大，而且还引领着社会的消费潮流，直接刺激了中国古代商品经济的发展。尤其是宋代，青楼最为发达，同时宋代也是中国历史上至今为止经济最发达、最富有的一个时期。

宋代的青楼是当时最重要的社交娱乐场所，达官显贵、商贾名士，都以青楼为主要的社交场所，甚至官方许多的重大礼仪活动也多有青楼伶人到场。很多影响和规模较大的青楼礼仪还会效仿皇宫内院，青楼文化可说是中国各阶层文化的一个混合体。

青楼的创始人——管子

　　妓是一个非常古老的行业，据中国史书记载，中国最早的娼妓当推三皇时代的洪崖妓。但最早的妓女并不是为了赚钱，而是一种祭祀意义的活动，也就是在神的面前性交，表示向神献祭。

　　据记载，上古夏桀荒淫无度，蓄有女乐达3万人。从最高统治者的宫妓开始，各层统治者都拥有名目繁多的家妓，如侍姬、小妾、声妓、歌姬、舞姬、美人之类。而平民百姓则依靠巫妓来满足占有两个以上女人的欲望。家妓与巫妓的合流，便出现了官娼，即由政府操办的娼妓业。

　　最早发明官娼制度的，是春秋时齐国的宰相管仲。他设置了拥有700名娼妓的国家性的娼妓院。

　　其目的一：通过官妓税收增加政府财政收入，解决军备扩张而导致的政府收入不足的问题。

　　目的二：解决因各级的统治阶层大肆豢养家妓，导致平民阶层的青壮年男子需求无法满足。同时维护社会稳定，保护良家妇女不受侵害。

　　目的三：吸引大量的其他诸侯国的青年人才。

　　目的四：将妓女送给敌方，以此可以兵不血刃地解决军事争端。管仲的发明很快被其他各国效仿，由此开始在接下来上千年的历史里，历朝都大兴官娼。

　　无独有偶，与管仲时代差不多的古希腊雅典的政治改革家梭伦,也开设了国家娼妓院,只是作用没有管仲那么大。

之后官娼在历史的演变过程中,出现了一种专门为军队服务的,叫做营妓,最早的发明者是越王勾践,而正式成为制度则是出现在汉代。汉代以后,家妓兴盛起来,到南北朝达到顶峰。家妓的地位处于妾与婢之间。妾是满足主人肉体之需的,婢是端茶扫地,铺床叠被的,而家妓的作用是为主人提供艺术服务的。家妓普遍受到严格的艺术训练,实际上代表了当时最高的艺术水平。

中国的音乐舞蹈不但是她们发扬光大的,也是她们传续下来的。但不论官妓家妓,都没有人身自由,主人对她们可以任意买卖和杀戮。

在先秦时又出现了私妓,私妓到了中国六朝时期开始活跃,随着商业的发展,都市的繁荣,在官妓、家妓之外,出现了个体营业的妓院,这才是真正意义上的青楼妓女。至唐代走向兴盛,一直持续到宋元明清,成为中国古代社会一大奇观。

私妓可分两类。一类是向政府正式注册登记,隶属教坊的,叫做艺妓。另一类是注册登记营业的,是名副其实的私妓。私妓的艺术修养不如官妓和家妓,她们接触的社会面比较宽,文化构成也比较复杂,是完全纯粹意义上从事自身肉体交易的从业人员。

(这里揠一个有意思的事情,就是现在社会商业活动中还会经常用到妓院的专用名词。那时经常光顾某一家妓院的寻芳客,被妓院称之为常客,重复光顾某一个妓女的被妓女称之为回头客。)

到了元朝,文人的地位与妓女不相上下,所以有关青楼之作表现出两种倾向：一是把青楼写成淫秽放荡之所，借以抚慰或发泄自己不平衡的心情；二是反映青楼的黑暗面，写妓女的不幸和反抗，从中寄托自己的人生抱负，例如关汉卿的一些作品。

到了明朝，青楼里出现了许多丑恶的场面，商品经济的气息涌入了青楼，出现了例如《金瓶梅》里那些污秽之人。

到了清朝，出现了大量的狎邪笔记和小说，青楼像家常便饭一样被谈论、被调侃。随着青楼的衰落，梦一般的青楼艺术也衰亡了。

青楼的产生和功罪都与整个中国古代社会同呼吸、共命运，所以当中国古代封建社会走向式微之际，青楼的没落和覆灭也同样是历史的必然了。

渔村小雪图（局部）

宋·王诜

绢本设色（44.4*219.7厘米）

北京故宫博物院藏

王诜（约1048-1093），山西太原人，名门之后，自幼好诗书，广交苏轼、黄庭坚等士大夫朋友，擅画山水，师法李成而又自成一家。在他的山水作品中，有金碧青绿和水墨淡彩两种形式。本幅写雪后渔村的清幽景象，在水墨中适当融入金碧重彩设色，表现雪后阳光的闪耀，十分和谐。此画曾经宋宣和内府收藏，几经展转，后入清内府。上有宋徽宗书题和乾隆、宣统诸印玺。

烟山叠嶂图（局部）

宋·王诜

绢本设色（45.2*166厘米）

上海博物馆藏

王诜所绘《烟山叠嶂图》，传世不止一本。此图绘洗渺空旷的大江之上，烟雾米漫，山峦陡起。山峦之坚实与水雾之虚渺形成对比。画家以墨笔皴山画树，用青绿重彩渲染，既有李成之清雅，又兼李思训之富丽。本幅无款识，有宋徽宗赵佶标题："内府所藏王诜四卷中此为第一。"画上钤有"乾隆御览之宝"等收藏印章。

杏花图

宋·赵昌

绢本设色（25.2*27.3厘米）

中国台北故宫博物院藏

赵昌早年师法滕昌佑，继承了其师深入观察的创作方法，常在清晨观察花卉的姿容情态，手调色彩当场画之，因此他笔下的折枝花卉极为生动，苏东坡曾有"赵昌花传神"的诗句。此图用极写实的手法绘一枝杏花，勾线精细，以粉白染瓣，层次分明，栩栩如生。尽显杏花昌莹剔透，冰姿雪清之雅韵。画上钤有清代皇帝溥仪的"宣统御览之宝"收传印章。

花神娘娘是皇后

中国早在汉初就已建花神祀，供奉花神还有蚕神。但是现在没有多少人真正知道花神或蚕神是谁了。故事要从一个在现代人眼中十分荒诞的真实历史讲起。

吕雉（公元前241年—公元前180年），字娥姁，通称吕后或称汉高后、吕太后。

自汉高祖刘邦驾崩之后，吕雉立了自己的儿子刘盈为帝，自己成为皇太后的同时，又在朝中扶持一批自家的亲戚担任朝中要员，从而形成汉代特有的一股政治势力——外戚（外戚的势力是汉代朝廷中十分强大的政治势力）。

吕雉为以后能更牢固地控制朝野，以"亲上加亲"为名，竟然让自己的儿子汉惠帝——刘盈娶她的外孙女张嫣为皇后（刘盈是张嫣的亲舅舅）。

张嫣(公元前202年—前163年)，汉书和史料并没有详细记录这位皇后的名讳，只有在唐代司马贞撰写的《史记索隐》中提到西晋皇甫谧称张皇后的名字为"张嫣"。《汉宫春色》记载张氏名嫣，字孟媖，也有称字为丽英。

张嫣画像

她是鲁元公主与宣平侯张敖的女儿，从小受家庭教育的影响，端庄优雅，知书达理，且洁身自好。据说，她小的时候，跟随母亲鲁元公主出入皇宫时，她的外祖父汉高祖刘邦就让戚夫人抱着她，并对戚夫人说："你虽然美丽高雅，世上无人能及，但此女十年以后，绝非是你所能比的。"

但是美貌给她带来的是一场荒唐的婚姻，当时皇帝的废立是由吕雉太后说了算，汉惠帝刘盈在当太子时因为年纪太小，没有娶太子妃。登上大位后，吕太后为了自己和外戚的政治利益，定下如此违背人伦的婚事，可见汉惠帝的懦弱和当时吕雉的为所欲为。

定亲时，汉惠帝用了骏马十二匹及黄金万两作为聘礼，迎娶这个才十岁的小外甥女。比张嫣年纪还小的弟弟见黄金累累地堆于堂上，奔入内房里对阿嫣说："姐姐，皇帝舅舅要买你去呢。"

汉惠帝刘盈娶了亲外甥女当皇后之后，相信心里始终没有过得去亲情人伦的关口，无法逾越礼教的束缚，而皇后只有十岁，对于亲舅舅也不可能有什么男女之情。但一个是年轻人，一个还是个孩子，无力去改变这种状况，只能接受命运的安排，顺着吕太后的旨意做起了有名无实的夫妻。

汉惠帝刘盈（公元前210年—公元前188年9月26日），汉高祖刘邦与吕后之子，西汉第二位皇帝。

皇后天性喜欢种花，在宫中间杂着种植了梅、兰、桂、菊、芍药和芙蓉之类的花木，她亲自灌溉浇水，每到花开时节，便把花盆移挪至左右，致使满室异香。

她的床榻及书案条几等陈设皆精美绝伦，可能因自幼有洁癖，她的案几和床榻从来没有一丝纤尘。皇后平时对待左右从不疾言厉色。

在宫中，皇后每次如厕，因讨厌如厕之时发出的铿锵之声，便在沉香木的溺器里面垫上花瓣，用罢便让侍女冲洗干净。

可能是天生使然，盛夏暑热她却仅微汗，寝寐从无鼾声。就算是在内宫寝室，张嫣皇后也必然正襟端坐，从不袒露身体。

张皇后自幼聪慧，喜读诗文。一次汉惠帝来到后宫时，听见皇后清丽秀婉的读书声传到户外，便笑着对她说："你没有听过秦始皇焚书之事吗？为何也要仿效迂腐儒生的那一套呢？"

皇后站起身来对汉惠帝说："过去臣妾的父亲张敖说过，秦之所以速亡，有一半原因在于焚书坑儒。陛下圣明天纵，却还延用亡秦的法律，妾私下实在为陛下可惜。"汉惠帝对皇后的话深有感触，便传旨废除了"挟书令"。(秦朝的挟书令规定：老百姓必须把诗、书、百家语交到官府去焚毁，如三十天内不交到官府，要"黥以为城旦"。)

从那时起，各类书籍就又开始兴盛了起来。这也算是张嫣为后世做出功德的千古佳话。

汉惠帝六年(公元前189年)秋，皇后张嫣十三岁，月事始通。而此时，汉惠帝刘盈的后宫美人已经生了四个儿子。吕太后生性不喜妃妾得宠，却非常想要皇后生子，便派人祈祷山川百神，求医问药，花费数千万，就是为了让皇后服药后能得子。不仅如此，每晚还派人劝说刘盈留宿于皇后宫中，但二人却是分榻而寝，这一切吕太后并不知道。

历史上汉惠帝有娈童癖，他较宠爱的娈童叫闳孺，十五岁，容貌极为俊俏。一日，他向汉惠帝请求："臣听说皇后容貌天下无双，乞愿远远一观。"汉惠帝居然还应允了。

正好，时值中秋佳节，皇后驾临上苑观秋海棠。惠帝让闳孺打扮穿戴一如皇后，先去上苑，宫人看到闳孺打扮得美丽绝伦，都大为吃惊，以为是真皇后。

闳孺登上假山后，看到皇后下辇步行，旋即登楼，又凭栏眺望。遥见皇后发髻峨峨，长袖翩翩，罗衫淡妆，足登远游绣花履，鞋高，底长均约七八寸，其样式与皇帝的差不多。

皇后与五六个美人同行，虽年纪最小，却是最靓丽的。她行走的步态如轻云出岫，只见人行，不见裙动。闳孺回宫后觐见汉惠帝，俯首自惭道："陛下有如此中宫，哪里还需要臣等与后宫美人呢？"汉惠帝笑着说："皇后虽然身材高高的像成人一样，但她年纪还小，幼稚单纯，还不太懂男女之间的事。五年以后，你们这些人当然都应罢黜了。"

汉惠帝七年(公元前188年)夏初四月，为鼓励农桑。张皇后身着礼服，乘驷马驾的鸾车盛装出行，亲躬蚕宫。青色羽毛的华盖上龙旗九条饰带随风飘扬。太尉的妻子在车上陪乘，太仆的妻子坐在车前面，长安令奉旨引路。虎贲、羽林骑兵为前导，仪仗队举着金钲、黄钺、卤薄等，吹打着各种乐器，浩浩荡荡行至蚕宫。

皇后亲自在蚕宫采桑，又手捧三盆桑叶到茧馆后，亲蚕仪式完毕。当日，长安城中观者如潮，功臣之家的妇女皆啧啧称羡，都只恨未能亲睹张皇后美艳。

此时，惠帝后宫已有五子，皇后爱抚所有皇子皆如己出，并时常设法照顾他们的母亲。

因为皇后无子，而后宫美人又多子，吕太后十分气恼。于是，打算斥退后宫所有美人，让皇后得专房之宠。汉惠帝为此忧心忡忡，却无以为计，便哀求于张皇后，想请她设法让太后平息怒气，打消斥退美人的想法。张皇后性格宽厚，不知妒忌，又素得太后喜爱，便哭着对太后说："诸美人无罪，是张嫣福薄，不能生子呀！"太后方才罢手。

五月，太后得知后宫美人又怀身孕，准备杀掉她，皇后尽力为其说情。太后忽生一计，让皇后假装已怀孕数月，待将来美人生子，便说是皇后所生，即可立为太子。不日，太后下诏："皇后怀孕将近六个月，免除每月初一与十五的朝见。"皇后深居静养，不出寝门一步。

六月，美人生子。太后派人将孩子用襁褓包裹送到皇后宫中藏匿起来，并杀了孩子的母亲。当天，太后让宫娥教皇后佯作腹痛，少顷，孩子呱呱落地，并抱入怀中。于是，告祭宗庙，立为太子。

事后张嫣皇后告诉母亲鲁元公主："阿嫣对狐媚委琐之事，一向觉得羞耻。然，阿嫣无子则太后始终不高兴，而诸皇子也有危险。这样，皇帝更闷闷不乐，越发重了病情。我之所以厚着脸皮做这样的事，是因为，上可让太后高兴，下可保皇子性命，中可调和两宫，让皇帝的身体安然无恙啊！"当得知美人已被太后杀掉了，皇后惊愕异常之余，泪流满面地对汉惠帝说："我之所以隐忍着这样做，原是想救她，不想如今她仍被杀，岂非命该如此耶？"

这一年，汉惠帝的弟弟淮南王来朝觐见。淮南王的母亲本是张敖家的美人，张敖将她献给刘邦后而生下淮南王，所以，淮南王与张家最亲近。朝觐之时，淮南王向汉惠帝请求，想朝见皇后，汉惠帝说："你嫂子年纪小，尚未成年，朴质木讷，也怕见人，还是一个小女孩呢！不见也罢。"

淮南王坚持求见，惠帝就同意了。淮南王恭恭敬敬地向张嫣皇后行臣子之礼。皇后在珠帘后同样恭敬行拜，身上的环饰叮咚作响，起身后，庄肃地只礼问了一句："九叔无恙？"然后端坐帘后再无一言，也未曾仰视。淮南王退下后对别人说："吾嫂古今第一丽人，亦第一善人也。"

汉惠帝七年(公元前188年)，八月十二日戊寅日，汉惠帝驾崩于未央宫，年仅二十三岁，皇后年方十四岁。哭踊如礼，沐浴如礼。汉惠帝大殓刚结束时，诸王侯、群臣都站立殿下，皇后则在殿上面向东，太子面向西，皆伏地痛哭，她母亲鲁元公主、诸妃嫔、公主、宗室妇女都跟随在张嫣皇后身后伏地而哭，人数有百余人。

群臣远远听到张嫣皇后的哭声，娇细而悲哀。从远处望去，此时年纪最小而最漂亮的张嫣皇后，两眼已红肿如桃，并退去了华服容饰，穿着粗麻孝服，却越发显得天姿靓丽，光艳照人，殿上殿下都为之动容。

同年九月初五日，将汉惠帝安葬在安陵。安葬完汉惠帝后，吕后立张嫣皇后收养的太子刘恭为帝，史称前少帝。因为刘恭年幼，便由吕雉临朝称制，搬到未央宫正殿居住，并仍称自己为皇太后。

张嫣皇后，世称孝惠皇后，仍旧住在中宫的椒房，每天朝见太后一次。吕后元年(公元前187年)四月，张嫣的母亲鲁元公主去世。

吕后四年(公元前184年)，少帝即位四年后，年已五岁，孝惠张皇后也已二十岁了。少帝每每与孝惠皇后同床而寝时，见皇后乳房如少女一般坚挺，感到奇怪而问左右，这才知道自己非皇后所生,便出言道:"皇后怎能杀了我母亲而把我当成她的儿子,我长大了一定要报仇。"

吕太后闻知,恐其日后作乱,将刘恭囚禁在后宫的永巷中,宣称刘恭患病,任何人不得与刘恭相见。不久,吕后废黜刘恭,并暗中将他杀害。

同年五月十一日,吕太后再立汉惠帝第三子常山王刘义为帝,改名为刘弘,史称后少帝。吕雉继续临朝称制。

吕后八年,公元前180年七月三十日,吕太后执天下八年而崩。周勃、陈平等诸臣诛灭吕氏,并以后少帝刘弘以及济川王等非惠帝之子的名义全部诛杀(拥立代王刘恒为帝,也就是开创了"文景之治"的汉文帝)。

唯独没有伤害孝惠皇后张嫣,因为朝野都知道张嫣与诸吕乱政无关,因而没有在夷灭诸吕时杀死她。

张嫣虽然幸免一死,却受到牵连,废黜其位,安置在北宫居住,仍称孝惠皇后。废徙至北宫(未央宫之北)。张嫣所居住的北宫,是未央宫后面的一处极为幽静的院落。张嫣生活在北宫中无声无息,日出日落整整十七年。

孝惠皇后二十五岁后患幽忧之疾。汉文帝后元元年(公元前163年)三月,孝惠皇后肝风骤发,太医以正在医治其他王爷之疾而延宕时日,数日后,孝惠皇后薨,年四十一。"葬安陵(汉惠帝陵),不起坟。"(见《汉书·外戚传》)

孝惠皇后张嫣死时,侍女听到空中传来音乐之声,且满室异香数日不散。皇后身边因无骨肉至亲,故小殓时,由侍女为其沐浴,验视皇后下体时,侍女都说:"可怜啊,皇后是真处女啊!"宫人们都珍爱皇后美艳的身体,迟迟不肯装敛,"过了此时,就再也见不到了。"有的宫女甚至还测量张嫣皇后身体各部位的粗细长短，并记录下来，到了隐微之处，也无不赞叹。就这样看了一天，才得以收敛。后来，这个消息不胫而走，天下的百姓无不怀念和怜惜这位貌如天仙善良的张嫣皇后，于是自发的纷纷主动为她立庙，定时享祭，并尊她为花神，为她立的庙则被称为花神庙。

就这样，一位美貌绝伦、知书达理、宽厚仁慧的，孝惠皇后香消玉殒了。这一切只能怪她为何出生在寡情薄意的帝王之家。为了天下，刘邦曾将亲生儿女推于马车之下，为了权力，本该是最慈祥、最可亲的姥姥的吕雉，却成了断送孝惠皇后张嫣本应该有幸福人生的罪魁祸首。

可见，这位中国历史中第一位获取最高权力的女性——吕雉，并不光是靠着谋略和智慧而拥有天下大权的，还有为了获取权利而变态的狠毒和不断被她出卖儿女的亲情。从这点上看，吕雉的所作所为既可耻又卑劣，应当受到千秋后世的唾弃。

也正因如此，美貌绝伦、宽厚仁慧的孝惠皇后——张嫣，成了中国历史上第一位处女皇后。

┃ 一饭千金 ┃

韩信（约公元前231年—前196年），汉族，淮阴（原江苏省淮阴县，今淮安市淮阴区）人，西汉开国功臣，汉初三杰之一。

中国历史上杰出的军事家，兵家四圣之一，同时也是中国军事思想"兵权谋家"代表人物，被后人奉为"兵仙"、"神帅"。

韩信出身贫寒，父亲早逝，自己既不会种田又不会做买卖，时常靠别人接济糊口，才能勉强度日，过着有一顿没一顿的游荡生活。

本文讲述的是韩信发迹后报恩的故事，但是他是如何从一个极为贫寒又没有受过什么教育的一个游荡之人成为汉初三杰、中国历史上兵家四圣之一的人中人杰呢？

历史并没有明确记载过韩信的武功或是兵法师从何人？以韩信在中国历史上的成就来看，无师自通而取得这样的功业，怕是很难能说服有思之士的。《淮阴侯传》也没有说明这个问题，只是记载了韩信骨相异禀，长相有异于常人而已。

本篇将从一个有关他的野史记载入手，讲述一个不为人知的韩信创建如此功业的奇异故事。

韩信生下来就没见过自己的父亲，跟着母亲艰难度日，除了时不时有人接济，孤儿寡母的日常生活过得很是艰难，所以常常遭人白眼。

韩信稍长大后，因为没有接受教育，所以也不懂什么礼数，性情豪放，整天背着一把祖传的宝剑东游西荡，街坊们都不怎么待见他。

当时的亭长见韩信虽放浪不羁，但骨骼惊奇，相貌堂堂，不像凡夫俗子，就邀他做自己的门客。偏偏韩信不但不拘礼节，白吃白喝还饭菜打包带走给家中老母，亭长的妻子见他上门白吃已是很不愿意，一个无所事事的浪子还要把饭菜带走给老母吃，这下更不高兴了。

于是一次，她故意很早便做好饭菜，并让亭长早早吃完出门，韩信不知照例又来吃饭。可是等了好久也不见亭长回家吃饭，明白人家不愿留自己吃饭，就愤然离去，发誓再也不去亭长家。

韩信离开亭长家后，漫无目的的韩信突然想起几天前的一件事。

几天前，亭长家来一位老先生，此人鹤发童颜，颇有几分仙风道骨。

亭长很是尊敬这个老者，在二人用过茶饭后，就进里间密谈。

韩信当时就很莫名的好奇，于是一直故意不走。见亭长与老先生出门上了山后，便悄悄尾随。

亭长与老先生在山上兜兜转转地绕了好久，在几个山头上，这瞅瞅、那看看的。偶尔停下来的时候，老先生还比划好一阵，然后又摇摇头和亭长低语几句后，又继续寻找些什么。

突然，老先生在一个地方停了下来，只见老者大喜过望，不停地大声和亭长说着些什么。

韩信很是好奇，很想知道他们到底在说些什么，于是悄悄绕到二人身后的小树林里，躲在离二人很近的树后偷听二人说话。

只听那位老先生说："这里不错，待我细细勘测一番。"

亭长恭敬地说："烦请先生用心，酬劳的事不用担心，只要先生开口，要多少给多少就是了。"

老者并没有答话，只是非常专注地一会儿远观一会儿近测，过了好长一会儿，老者突然开口惊呼："难得的风水宝地呀！老朽走南闯北看了那么多年的风水，还没有碰上这么好的风水宝地啊！"

亭长听罢，立时喜出望外，急忙上前问道："真的吗？请先生明示在下。"

老者手捋胸前的白须说："这里头顶洪泽湖，脚踏诸多小湖泊，左臂搂金湖，右臂挽女山湖，从堪舆上讲，'江河转弯环转回顾，乃龙脉止聚之处'，而这正应了'大荡大江收气厚，涓流点滴不关风，若得乱流如织锦，不分元运也亨通'的上乘佳境之说。"

亭长听了高兴地不停双手相搓，说："那就定在这里了？"韩信这时才明白，原来他们是在看风水选坟地。

他悻悻正要转身离去，这时老者又开口了："既然如此信得过老朽，我就给你说透吧。你看，此处形制像是人形，头顶洪泽湖就像一顶元帅帽，而两面的金湖和女山湖如同帽下的两个绶带，侧旁还有形如白马的白马湖静立在旁，这是一块封侯拜相风水之地，是主驰骋疆场、统兵百万的武侯。"

亭长越发激动了："如果真如先生所说，那就让先生与我的后代同享荣华富贵，世代相传。"

老者听罢一笑说："老朽就等着亭长这句话呢。如果老朽百年之时，也能葬在这儿，你我两家风水共享，那老朽就点正穴了，只是古来堪舆风水如点正穴，恐自身将来不测。"

亭长急忙说："断不会妄言，大丈夫说话，岂能无信乎？先生尽管放心就是，等下山回家后不但酬金奉上，定立下字据予先生。"

老者听罢说："我也豁出去了，一生难遇这样好的风水，就点次正穴吧。"只见他向东挪了十来步，瞧了一瞧，口中似有念语，突然一下子就把风水定楔入地下。

老者正色对亭长道："实话予你，如不是你同享荣华那句话，我今天断不会点这正穴。因为凡点正穴者，今生寿数及富贵必不会善终，但点偏一些，这风水之地的奇妙必有所减。我已垂垂暮年，但为了我的子孙后代我也无所顾忌了。"

听到这，韩信就悄悄地离开了，也没把这事放在心上。可是今天当他又吃了上顿愁下顿的时候，不禁想起了此事。

如果我能将我的先人埋在这个武侯之地的话，那我不就是可以成为叱咤风云、统兵万千的武侯了吗？这样我不就不用在如此这般寄人篱下、仰人鼻息了。

一想到这，韩信立即向武侯之地赶去，寻到这块风水宝地后，韩信拔掉了楔在那里的风水定，然后在原处移了一颗小树苗，并做了一个暗记。

韩信做完后，正要离去。蓦然一想，就算拔掉了风水定，亭长还是会请老者再来重看。不行，我把风水定换个地方，这样亭长就发现不了了。既能保住自己的富贵，也不会太伤及亭长家的风水。

他横着向西走了十几步后，找了个大体相似的地形，将风水定夺在那里，然后环顾了四下无人之后，便快速离开了。

韩信往家赶的时候心想，他从小就没见着爹，更不知坟茔在哪？

"嗯，回家问母亲，母亲一定知道。"

韩信兴冲冲回到家中后，连忙向母亲详细禀告了此事，并急切询问母亲他的父亲埋在哪里。

"你没有爹，咱家也没有祖坟。"母亲在韩信的一再逼问之下，突然地说了这么一句话，让韩信一下子就蒙了。

韩信着急地问母亲："我怎么会没有父亲？没有父亲我又是从哪儿来的，难不成是您捡来的？"

母亲一时语塞，低头沉默着，突然母亲站起身来，眼睛直直地望着韩信说道"原本并不想告诉你，但你毕竟已经成人，有些事看来是命中注定的，好吧，今天母亲就告诉你实情吧。"

母亲从一只木箱子里取出一样东西，转身捧在手中来到韩信的面前。韩信一看，大吃一惊，这怎么是一张动物的皮毛。他瞪大眼睛问："这是什么东西呀？"

母亲流着泪说："你不是向我要你爹吗？这就是你爹……"

韩信一把抢过皮子，狠狠地摔在地上说："不！这怎么是我爹呢？母亲休要乱言。"

母亲哽咽道："儿啊，莫急！母亲与你慢慢道来。我们的家其实离这儿很远，那时母亲的家也是大户人家。在母亲初长成人之时，母亲遇到一位非常英俊倜傥的公子，真正是世间难找的美男。他彬彬有礼又谦和有加，于是母亲心生爱慕。三天后的夜里，母亲正在臆想这位公子之时，不知怎么他竟然出现在我闺房之中。说是，因为一见倾心于我，日夜思念不能自持，所以仗着自己自幼习武，冒昧地飞檐走壁来我闺房，以诉相思之苦。一夜长谈之后，便就此以身相许。此后他每隔三五天就来一次，他来时无踪、去时无影，我们来往一年多，家里并无发现。"

母亲说到此处，停顿了一下又接着说道："一天夜里他又来了，坐在我面前一句话也不说，我问他怎么了？他对我说他的大限就在今晚，我问他为什么这么说？他向我道出了实情，他原是修炼了一千多年的马猴，已得道成仙，如今与我私通触犯了天条，天庭要惩罚他，活不成了，今晚是与我告别的。说完他就不见了，屋子里除了这一张猴皮还有就是你时常背在身上的这把剑。事已至此，为娘也无能为力，可是不曾想，不久之后为娘发现珠胎暗结，肚子一天天大了起来，我的父母追问这是谁的孩子？我又难以启齿，于是你外公因我辱没门楣，就把我赶出了家门。

为娘只能挺着肚子远走异乡沿街乞讨，后来在野外生下了你。终是你命大，正当我们娘儿俩奄奄一息之时，被一位老人给救了。老人姓韩，没儿没女，就老两口过活，我就认了他们做干爹干娘。你也就随了他们姓。救命恩人相继去世后，这两间小房也就成了咱娘儿俩的安身立命之处了。"

韩信听完之后，一直低头不语，过了好久，韩信拿起猴皮，对母亲道："如果真是如此，那我把这张皮子埋到那块武侯之地，也算是祖坟了。母亲我们一起把皮子埋了吧。"

母亲想了想同意了，韩信到院子里找把铁锹就和母亲一起上山了。母子二人到了之后，不大工夫就挖出了一个大坑，韩信就把猴皮往里放，可是放进去就被一阵风刮了出来，再放，还是被刮了出来。

韩信正无计可施之时，母亲说话了："看来你父亲不愿被埋,要不为娘先在坑中压着皮子,你再往里填土看看。"

韩信听了觉得可行,于是让母亲下到坑中按着猴皮,等他一锹一锹地用土把猴皮压住,再拉母亲上来。

母亲下到坑中,双手按住猴皮。对韩信说道:"埋吧。"谁知,韩信刚铲了一锹土下去,便莫名的刮起一阵狂风,把韩信挖出来的土全都刮进了墓坑里,母亲也被埋进了墓坑里。

韩信慌忙用锹去扒,可是扒出来的土还是会被吸回去,根本救不出母亲。时间一长,韩信知道就算将母亲挖出来也于事无补了。只能在原处大哭一场后,磕了三个响头离开了。

(以上内容不在正史记载之中,虽历代《淮阴侯传》中多有提起,但本篇只作野闻轶事,不对真伪进行论证。)

母亲死后,韩信孤身一人也无人依靠,只好每天到河边去抓鱼充饥。有一天,韩信在河边遇到一位漂母。老漂母见他饿得骨瘦如柴,面无血色,便把自己的饭分给他吃。一连数十日都是如此,韩信十分感激,便对漂母说:"您对我的恩情,将来如果我有出头之日我一定千金报答。"

韩信漂母画像

老漂母回答道:"我不要你报答,只希望你堂堂男儿,能够建立功业,就算不能也能自食其力。"韩信听闻满脸羞愧之余,决定大丈夫当闯荡天下。

《史记·淮阴侯列传》:"信钓于城下,诸漂母漂,有一母见信饥,饭信,竟漂数十日。"又:"信至国,如所从食漂母,赐千金。"

正值秦末陈胜、吴广起义后，项梁这支起义军也准备渡过淮河北上，韩信此时决定带上宝剑投奔项梁。

经过闹市时，韩信被与他年龄相仿的屠夫拦住去路。这位屠夫是淮阴一霸，膀大腰圆，走路带风，拿个杀猪刀整天横冲直撞，没人敢惹。他拦住韩信说："听说你也想投军抗秦，我看你人高马大，带把破剑，你如果有胆量，亮出剑来咱俩比试比试，先把我杀了再去投军杀人也不迟。如果你不敢，就从我的胯下爬过去。"这时一些和这个屠夫混在一起的市井泼皮也跟着起哄起来。

韩信心想：如果我拿剑杀了他，怕是今天走不脱的，投不了军了。日后还怎么建立功勋？今日宁受眼前之辱也不能逞一时之勇。于是，他伏在地上，从那个屠夫的胯下爬了过去。

周围看热闹的人都哈哈大笑起来，就这样的怂人也想投军杀敌？韩信不作辩解直径大步向前，寻找项梁的起义军。

项梁，秦国下相(今江苏省宿迁市宿城区)人，秦末著名起义军首领之一，楚国贵族后代，项燕之子。

项梁战死之后，韩信又归属项羽，项羽又只让他做个郎中。

项羽，名籍，字羽，(今江苏宿迁)人，楚国名将项燕之孙。他是中国军事思想：兵形势，代表人物，堪称中国历史上最强的武将之一。

韩信多次给项羽献计，项羽概不予采纳。加之项羽进了咸阳，不但没有安抚秦民，杀了秦王子婴和秦国贵族八百多人之后继续大肆杀戮。

还下命令火烧阿房宫，大火连烧了三月。（据现代考古考证阿房宫当时并没有建成，我们此处不作讨论，只根据正史记载讲述。）

项羽原来是楚国的贵族，灭了秦朝以后，他又重新划分封地，把统一了的中国弄得四分五裂。

当时名义上的首领还是楚怀王，项羽把他改称为义帝。表面上承认他是帝，实际上只让义帝顶个虚名，一切分封的事，都得听他主张（第二年，项羽就把挂名的义帝杀了）。

他把六国旧贵族和有功的将领一共封了十八个王，称自己为西楚霸王。春秋时期就有五霸，项羽自称霸主，等于宣布他有权号令诸侯，诸侯都得由他指挥。

分封诸侯以后，各国诸侯就都分别带兵回自己的封国去，项羽也回到他的封国——西楚的都城彭城(今江苏徐州市)。

在十八个诸侯中，项羽最忌讳的是刘邦。他把刘邦封在偏远的巴蜀，建都南郑(今陕西汉中东)称为汉王。

又把关中地区封给秦国的三名降将章邯等人，让他们挡住刘邦，不让刘邦出蜀。

韩信认为项羽并不是一个能成为一统天下的君王。所以，刘邦入蜀后，韩信离楚归汉，在刘邦那里做了个管理仓库的小官，依然不被人所知。

后来韩信因为连坐法当斩，同案的十三人都已被行刑，马上就要轮到韩信时，韩信举目仰视，看到滕公夏侯婴。大声地对夏侯婴说道："汉王不打算得天下吗？为什么要杀掉壮士？"

夏侯婴觉得此人话语不同凡响，又看他相貌威武、异于常人，就命人暂缓行刑，和他交谈了一番，很是欣赏韩信。

于是进言刘邦，韩信是可用之人，刘邦只是给韩信一个管理粮饷的官职，所以也没有发现韩信有与众不同的地方。

韩信因夏侯婴而结识了萧何，多次同萧何交谈后，萧何也很是欣赏韩信。

韩信揣测萧何等人应该已是多次在刘邦面前举荐过自己了，刘邦并不对他委以重任，韩信觉得再待下去也是无望了。

所以连夜出走想重投明主，萧何一听韩信逃走了，来不及向刘邦报告就便去追赶韩信。军中有人向刘邦谗言"丞相萧何也逃跑了"。刘邦大怒，走了萧何，如失双臂。

萧何，汉族，沛丰人，早年任秦沛县狱吏，秦末辅佐刘邦起义。惠帝二年(前193年)七月辛未去世，谥号"文终侯"。

可是隔了一天，萧何回来见刘邦，刘邦骂道："你逃跑是为了什么？"萧何答道："我才没有背弃主公，我是去追逃跑的韩信了。"刘邦又骂："军官跑了好几十，都没见你追，那个韩信有什么好追的。"

萧何说："那些军官不是什么了不起的人才。但，韩信这样的人才，是普天下再也找不出第二个来的。假如大王只想做汉中王，自然是用不上他的，但要想争夺天下，就非韩信莫属了。现在人我是追回来了，只看大王如何打算了。"

刘邦说："我当然想一统天下，哪里会留在这个鬼地方？"

萧何说："大王如果决意天下一统，就必须重用韩信，否则韩信终究还是要跑的。"

刘邦说："那我派他做个将军吧。"

萧何说："让他做将军，韩信也不会留下。"

刘邦说："那么，让他做大将。"

萧何说："可以，但大王傲慢无礼，如果任命一位大将，就像是呼唤一个黄口小儿一般，韩信还是会离去的。

大王如果诚心拜他做大将，就该拣个好日子，自己事先斋戒，搭起一座高坛，按照任命大将的仪式办理，那才行。"

刘邦答应一一照办，韩信受到重用后，刘邦授以韩信调兵遣将、行军布阵的大权。韩信厉兵秣马，整军备战后，率领汉军东征西讨，终于打败了最强大的对手项羽，协助刘邦建立了汉朝。

韩信被封为楚王后，回到了故乡，派人找来给他饭吃的漂母。韩信见到漂母，向她再三道谢，并赠给她千金（这就是"一饭千金"的由来）。

刘邦，沛丰邑中阳里人，汉朝开国皇帝，汉民族和汉文化的伟大开拓者之一、中国历史上杰出的政治家、卓越的战略家和指挥家。

接着，他又找来亭长，只赏给他一百小钱，并对他讲"你是个小人，没将好事做到底"。

曾经侮辱过韩信的屠夫，被找来时已吓得浑身发抖，韩信用手拍着他的肩膀笑着说："你不必害怕。"然后对左右的将士说："这位就是从前羞辱过我的那个人，但是没有他的羞辱，就不会激励着我走到今天。让他做个中尉吧！"

（韩信不忘报恩，对曾羞辱过自己的人，也没有报仇。他这种气度，是值得当今世人学习的。）

项羽兵败后，逃亡将领钟离眜因素来与韩信关系很好，就投奔了韩信。刘邦记恨钟离眜，听说他在楚国，就下令楚王逮捕他。那时韩信初到楚国，到各县乡邑巡察，进出都派军队戒严。

汉六年，(前201年)有人告韩信谋反。刘邦用陈平的计策，说天子要出外巡视会见诸侯，通知诸侯到陈地相会，说我要游览云梦泽。其实是想要袭击韩信，刘邦将到楚国时，韩信打算起兵谋反，但认为自己无罪。加之，因为刘邦曾对韩信许下过三不杀。所以韩信想去见刘邦证明自己，但又怕被擒，正左右为难。

这时有人向韩信建议："杀了钟离昧去谒见汉高祖，高祖无你谋反口实，必不会加害于你。"

钟离昧，钟离氏，名昧。朐县伊芦乡（今江苏省连云港市灌云县伊芦乡）人。

于是韩信把此事与钟离昧商议，钟离昧说："刘邦之所以不攻打楚国，是因为我在你这里，如果想逮捕我去讨好刘邦，我今天死，随后亡的定是你韩信。看来你也不是位德行高尚的人。"结果钟离昧自杀而亡。

韩信持钟离昧首级去陈谒见刘邦。刘邦令武士把韩信捆绑起来，放在随从皇帝后面的副车上。

韩信说："果若人言，'狡兔死，走狗烹；高鸟尽，良弓藏；敌国破，谋臣亡。天下已定，我固当烹。"刘邦说，有人告你谋反，就给韩信戴上械具。

但回到洛阳后，刘邦赦免了韩信谋反之罪，褫夺了韩信楚王封号，改封他为淮阴侯。

汉十年(前197年)，陈豨谋反。刘邦亲自率兵前去征讨，韩信称病不随高祖出征。

韩信与家臣谋划：可以在夜里假传诏旨，赦放那些在官府中的囚徒和官奴，然后率领他们去袭击吕后和太子。这时韩信的一位门客得罪了韩信，韩信囚禁了他。那位门客的弟弟就向吕后密告韩信要谋反的情况。

吕后于是诓骗相国萧何，说陈豨已被高祖剿灭，诸侯群臣都要前来进宫朝贺。韩信因为和萧何的友情，相信萧何告诉他并无阴谋，就入朝进贺，吕后立即派武士把韩信拿下捆绑起来。

因为韩信为刘邦立下了十大汗马功劳，刘邦曾给韩信许下"三不杀"的承诺。即：见天不杀，见地不杀，见铁器不杀。所以吕后在长乐宫中的密室里，将地上铺上草垛，将韩信投入蒙上麻布的木笼，用削尖的竹竿将韩信活活捅死，并诛灭韩信的三族。

一代兵神韩信就此殒灭，同时历史上也就有了"成也萧何、败也萧何"的成语。

壮烈千古——隋炀帝

我之所以给出隋炀帝——壮烈千古这个标题，是斟酌再三的。中国自唐以来一千多年的历史，凡提及隋炀帝，必是一个昏庸无道，好大喜功，骄奢淫逸的亡国昏君的形象。至少在我们的中小教科书上是这样评价的。真是如此？接下来让我们以史实为依据，来重新认识一下这位有着雄心壮志的君王。

隋唐时期是全世界公认的中国最强盛的时期，据《资治通鉴》记载："是时天下凡有郡一百九十，县一千二百五十五，户八百九十万有奇。东西九千三百里，南北一万四千八百一十五里。历代之盛，极于此矣。"这个时期，中华文化、政治、经济、外交等方面都达到登峰造极的全盛黄金期，当时中国是世界上最强大的国家。

隋文帝杨坚之父杨忠，曾被北周封为"随国公"。杨坚承袭此封爵后，夺取皇权立国号为"随"，但因其认为"随"有走的意思，恐不祥，杨坚遂又改国号"随"为"隋"。

隋炀帝杨广（569年—618年）是隋文帝杨坚的第二个儿子。小名阿䗪，又名杨英。开皇元年（585年），只有16岁的杨广被他的父亲杨坚封为晋王，并做了并州的总管（山西太原市）拱卫京畿。

杨坚为了让儿子得到锻炼，日后能当大任。让很有才干的大

臣王韶担任杨广的辅臣。隋炀帝年少时十分好学，诗文方面尤其出众。《隋书·经籍志》著录《炀帝集》55卷，《全隋诗》录存其诗40多首。

据史书《北齐》记载：其文初学庾信。为晋王时，召引陈朝旧官、才学之士虞世南等100余人，"以师友处之"，于是爱好梁陈宫体。

《隋书·文学传序》称："炀帝初习艺文，有非轻侧之论。暨乎即位，一变其风。"今存其诗多为乐府歌辞，内容或为应酬赠赐，或写声色游娱，显然沾染齐梁之风。但他也有显示帝王之尊的雅体，"虽意在骄淫，而词无浮荡"。

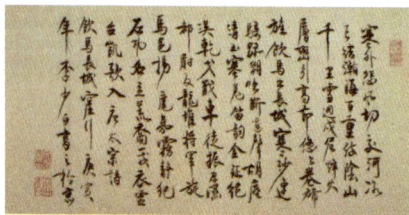

《饮马长城窟行》是汉代乐府古题。相传古长城边有水窟，可供饮马，曲名由此而来。

如后世评价极高的《饮马长城窟行》就是杨广所作，还作有另一首《春江花月夜》，"暮江平不动，春花满正开。流波将月去，潮水带星来。"明代胡应麟以为"绝是唐律"（《诗薮·内编》），对初唐近体发展有一定影响。

由于他曾亲历塞上，远征辽东，故诗中描写的自然景物和戎马生活，也有其实践基础。后世对杨广的文采有过这样的评价——"隋炀诗文远宗潘、陆，一洗浮荡之言。惟录事研词，尚近南方之体。"总之杨广的诗文在

《春江花月夜》图

中国文学、诗歌史上都占有很重要地位。

因爱好文学和艺术，杨广曾命臣下将禁中秘阁之书，抄录副本，分为三等，藏于洛阳观文殿的东西厢书库中，又在殿后另筑二台，聚藏魏以来的书法名画。（《隋书·本纪》）

杨广在继位之前，公元589年，年仅20岁的杨广被拜为隋朝兵马都讨大元帅，统领51万大军南下向富裕强盛的陈朝发动进攻，并完成统一。当年苻坚百万大军都没有突破长江天堑。可见这是非常难以完成的任务。可隋军在杨广的指挥下，纪律严明、英勇善战，一举突破长江天堑。所到之处，所向披靡。而对平民则秋毫无犯，对于陈朝库府资财，一无所取。博得了天下广泛的赞扬，皆称广以为贤。

20岁的杨广完成了中国的统一大业，结束了上百年来中国分裂的局面，也结束了中国三四百年的战乱时代。

公元590年，杨广又奉命到江南任扬州总管，并平定了江南高智慧的叛乱。杨广在江南的十年时间里，学江南方言，娶江南妻子，亲近江南学子，重用其中的学者来整理典籍。自此，南北朝之后和北方隔离多年的江南才始归顺中央，更使得之后的唐朝在南方的统治得以顺利进行。

从此，中国进入了和平强盛的时代。这和李世民指挥部队平定各路农民起义与割据小军阀的战功相比，隋炀帝杨广应该是盖世功业了。

杨广于公元604年即位（604年—618年），年号大业，在位14年。从大业这个年号，可以看出杨广的雄心壮志，就是要建立千秋大业，事实上隋炀帝正是这样做的。

隋文帝杨坚曾于公元584年命宇文恺率众开漕渠。自大兴城西北引渭水，略循汉代漕渠故道而东，至潼关入黄河，长150多公里，名广通渠，公元604年改名永通渠。但随着南北政治、经济和文化日益发展，修凿的局部运河，已经不能满足社会需要。沟通南北水道已经成为社会经济交流的迫切需要了。

公元605年(大业元年)，隋炀帝即位第一年就征发百万士兵和夫役，修造通济渠。同年又改造邗沟。公元608年，又征发河北民工百万开凿永济渠。公元610年沟通长江河。至此，开凿大运河的工程基本完成，隋炀帝开凿大运河前后用了六年的时间。

京杭大运河

隋炀帝先后开凿疏浚了由黄河进入汴水，再由汴水进入淮河的通济渠；还有从淮河进入长江的邗沟；从京口(现在江苏的镇江)到达余杭(现在浙江杭州)的江南河；引沁水向南到达黄河，向北到达涿郡(现在的北京)的永济渠。这些渠南北连通，这就是历史上有名的京杭大运河。

大运河从北方的涿郡到达南方的余杭，南北蜿蜒长达五千多里。隋炀帝在修运河同时，运河两岸筑起御道，种上杨柳树。从长安到江都，沿途建造离宫40多处，沿运河还建立了许多粮仓，作为转运或贮粮之所。

南北"大运河"，将钱塘江、长江、淮河、黄河、海河连接起来。当时运河上"商船旅往返，船乘不绝"，大运河对中国一千多年的南北经济、文化交流，维护全国统一和中央集权制的加强，都起了促进作用。

大运河不仅加强了隋王朝对南方的军事与政治统治，而且使南方的物资能够顺利地到达当时的洛阳和长安，在有利于军事和政治的同时，南北方的文化交流也得到了有力的加强。

如此浩大的工程，真正是功在当代、利在千秋。大运河对于中国来说，远比长城对于中国来得更为重要。大运河连接黄河流域、长江流域，连接了两个文明，使黄河流域、长江流域逐渐融合为一体。

修建大运河是凝聚中国之举，满足了已成为全国经济中心的长江流域同仍是政治中心的北方连接起来的迫切需要。大运河的修建使中国水运畅通发达，为中国后世的繁荣富强打下了牢固坚实的基础。直到近代清末改漕运为海运，大运河才不再是中国经济的大动脉了。

同是在大业元年(公元605年)，隋炀帝派杨素等人负责修建洛阳城。当时，每月都有二百万人在工地上劳动，经过一年的努力，终于完成。新的洛阳城有宫城、皇城和外郭城。外郭城也就是大城，周长有七十里长。里面的皇城是文武衙门办公的地方，再往里就是宫城周长有三十里。

杨素(544年—606年8月31日)，字处道，汉族，弘农华阴(今属陕西)人，隋朝权臣、诗人，杰出的军事家、统帅。

隋炀帝修建洛阳城，是有其统治国家的战略考虑的。当时首都长安在西北面，往东的路不太畅通，影响了国家政令的畅达。洛阳则处在国家的中心地带，可以有效地治理江南，控制北方，巩固国家。

隋炀帝营建东都洛阳，并不是他穷奢极欲地为自己享受，而是为了扼守山东，是为了强化中央政府控制能力的必要措施和设置。而且，隋炀帝在位时绝大多数的时间都在外巡视，并实地考察制定治国方针，根本没有时间在洛阳享乐。

更重要的是在长安时,各地的粮食运往长安费时费力。但到了洛阳便可以很方便地取得粮食,减轻了民众负担。事实上这也为后来的唐朝繁荣昌盛打下了坚实的基础。

许多的历史书,对开凿运河这样对中国一千多年的经济、社会发展有着重大贡献的大工程,竟然也写成了是隋炀帝实施暴行的证明。此时此刻我觉得隋炀帝虽是亡国之君,却做了许多帝王就算几十年甚至更长时间都做不了的大事。杨广为中国后代子孙带来了巨大的福荫。他对中国的功绩是不朽的、是很难有人可以比拟的。只是为此付出的代价太大,但如此浩大的功在当代、利在千秋的工程,试问历史上,能有几人?

不仅如此,隋炀帝杨广还为现在中国西域版图的奠定,做出了不世之功勋。

公元608年(大业四年),隋炀帝派军灭了吐谷浑。开拓疆域数千里,范围东起青海湖东岸,西至塔里木盆地,北起库鲁克塔格山脉,南至昆仑山脉,并实行郡县制度管理,这是以往各朝从未设置过正式行政区的地方,从此使之归入中华文明之下。

公元609年(大业五年),隋炀帝亲率大军从京都长安(今西安)浩浩荡荡出发到甘肃陇西,西上青海,横穿祁连山,经大斗拔谷北上,到达河西走廊的张掖郡。

这次出行异常艰难,西部自古是大漠边关,条件环境恶劣,隋炀帝还曾遭遇到暴风雪的袭击。此峡谷海拔三千多米,终年温度在零度以下。隋炀帝狼狈不堪,在路上吃尽苦头。士兵冻死大半,随行官员也大都失散。

隋炀帝这次西巡历时半年之久,远涉到了青海和河西走廊。其历史意义重大。在封建时代,中国帝王能抵达到西北这么远的地方，只有隋炀帝一人。隋炀帝西巡过程中置西海、河源、鄯善、且末四郡，进一步促成了甘肃、青海、新疆等大西北成为中国不可分割的一部分。

隋炀帝到达张掖之后，西域二十七国君主与史臣纷纷前来朝见，表示臣服。各国商人也都云集张掖进行贸易。

为炫耀中华文明之盛世，隋炀帝杨广在古丝绸之路举行了空前绝后的博览会，游人及车马绵延长达数十百里，这是举世之创举。由于丝绸之路的畅通，不仅使张掖的国际贸易市场更加繁荣昌盛，还促进了中原一带贸易市场的兴起和发展，如关中的歧州（今陕西凤翔）、西京长安、东都洛阳等。从此，西域的高昌、焉耆、龟兹、疏勒、于阗、康国、安国、米国、吐火罗等国家的商贾使者来往于长安、洛阳一带，络绎不绝。隋炀帝还派司隶从事杜行满出使西域，从安国带回五色盐。又派云骑尉李昱出使波斯，回国时，波斯的使者、商人也随至中原，从此丝绸之路正式建立，使得中华文明和后世之主收益千年，也间接地促进了西方文明的发展和进步。

隋炀帝亲自打通并构建的丝绸之路，加强了中原与西方各国的联系与交往。可以不夸张地说，这是千古之君才能有的功绩。

隋炀帝除向西北开拓中华疆土外，隋朝铁骑还向东南进行了一系列开疆拓土的战争，这些战争的胜利使大隋王朝东南的领土疆域扩大到安南、占婆（今天越南地区）及台湾等地。在海南岛上分置儋耳、珠崖、临振三郡。北边有五原郡（内蒙河套一带）。

此外，隋朝铁骑还把强大的突厥分裂成东突厥与西突厥两部，并在和东突厥的战斗中取得胜利。这也为后世的唐太宗取得一系列的胜利打下了坚实的基础。以有些现代人看唐朝疆域的看法，隋朝的疆域其实要比唐朝大得多。

行文至此，也许有人会说在历史的记载中，杨广弑父、杀兄、淫嫂，穷兵黩武，三征高句丽皆以失败告终，又多次南下江南，动用大量的民力修运河，乘舟巡幸，劳民伤财。

可是你们一定没有认真思考过，现在所知的当时历史是由唐朝所编修的，而大唐帝国的缔造者为了使自己的皇权名正言顺，免不了会对前朝的君王横加指责，历史是由胜利者所写的，措辞偏激实乃意料之中。再则，审视一个历史君主人物应从大处着眼，要看历史功绩，要看他做的事情是否利在了千秋。

下文，本人继续以史料为依据，简单还原一下三征高句丽的真实历史。

公元611年（大业七年），隋炀帝怒斥"高丽本为箕子（商纣王叔父）所封之地，今又不遵臣礼"，决意动员全国兵员讨逆，不论远近，均于次年正月会集于涿郡（在今北京城西南）。

尔后，各地国民纷纷有组织或自发地聚集到幽燕地区。驿路山冈之上，遍行披甲武士。由此可见这次远征高丽是深得人民支持的，杨广本身也是深受人民拥戴的，但是历史有时是残酷的，这次征伐并没有获得成功。

公元613年（大业九年），隋炀帝不甘第一次出征高丽的失败，决意再振雄风。从洛阳出发，再次御驾亲征高句丽。隋军兵强马壮，计划周密，准备充分。但是谁曾料后院起火，杨玄感起兵反隋，并直接威胁了隋王朝的腹地，隋炀帝被迫回撤率军平叛，导致了二次征伐高句丽无功而返。

公元614年（大业十年），隋炀帝不顾国内已然危机四伏，第三次亲征高句丽。虽然沿途不断地有大批士卒逃亡，但是此次隋军获得重大的军事胜利。

在现今朝鲜首都平壤附近，隋朝大军一举击败高丽军队。高丽王高元恐惧万分，遂即遣降使向我帝国请降。但此时大隋国内农民起义狼烟四起，隋炀帝已然不能再乘胜追击，只得班师回朝（中华的内乱不但使得这次征伐功亏一篑，也使得中华失去了千古之良机，令人扼腕叹息）。

隋炀帝为什么要乘四层高的龙舟，从京城浩浩荡荡南下江南？其背后有着巨大的历史政治意义。

自南北朝之始，中国南北分裂已有几百年了，一个刚把江南归于自己统治之下不久的王朝，为表示对江南的统治与重视进行巡游，何过之有？三下江南是凝聚中华的英明之举。总比历史上好大喜功的所谓明君，花费大量国力财力到泰山封禅庆祝自己的丰功伟业要来得好。大运河两岸无数的人民可以亲眼观看到这浩大的场面，看到我中华泱泱之国威，江南民众自然会产生归属感。同时，杨广为了体恤亿兆黎民，重新修订了法律，改革了其父隋文帝杨坚末年不利于黎民休养生息且比较严酷的法律。

隋炀帝此举何曾是为了个人的寻欢作乐，而是为了威仪天下，归化万民啊！所以隋炀帝此举不但充分地显示了国威，更重要的是，他凝聚了中华之民心，彰显了泱泱之国体。

非但如此，隋炀帝杨广还十分重视文化、教育和社会公平。他兴办学校，访求遗散的图书，并加以保护（隋时的藏书量是中国历代最多的，隋朝藏书最多时有37万卷，77000多类的图书），可惜大部分图书毁于战火。唐玄宗时藏书最多时也不过

8万卷,其中还是包括唐学者自著的28467卷,唐以前图书只有28469卷。

虽然科举制度在隋文帝时就已创立,但并不完善。是隋炀帝杨广创制了进士科制,恢复了被隋文帝杨坚废除的国子监、太学以及州县学。定十科举人,开设进士科,考试以诗赋为主,选择文才秀美的人才。科举制度的创建和完善,在当时最大程度地实现了重才学而不重门第,削弱了门阀大族世袭的特权地位。这种任人唯贤的改革,不但为下层优秀知识分子提供了极好的机会,更重要的是实现最大程度的社会公平。

隋炀帝还组织人编写了《长洲玉镜》四百卷和《区宇图志》一千二百卷,这对于保存我国古代的典籍做出了不可磨灭的贡献。

以上都是隋炀帝做过的事情,件件都是大事,其实任何一个朝代的君主如果只做以上其中一件,便可名垂千古。可隋炀帝全都做了,而且仅仅用了14年都不到的时间。

如果必须说隋炀帝是个暴政之君的话,14年内要干这么多的大事,平摊到每个民众头上,人民负担之重、劳役之苦是可想而知的。毕竟青藏铁路在现代科技下都修了好几年,而隋炀帝修运河却仅仅用了四年,而当时中华的人口也不过几千万,科技手段与现在相比更是原始。

对于他的子民,可以说,隋炀帝所欠的太多了。可对于中华历史而言,隋炀帝杨广却又是做的太多了。

遗憾的是隋炀帝不是死在农民起义军手里,而是死于宫廷政变,死于鲜卑族的复辟之手。

公元618年,隋炀帝被缢杀在宇文家族手中,他父亲隋文帝杨坚从鲜卑族皇族宇文家族手里夺回了汉族皇权,鲜卑贵族们又趁乱想从杨广手中夺回。

隋炀帝被害之后,天下开始真正的大乱,各路诸侯纷纷割据。他的表兄弟唐国公李渊,打着为杨广复仇的旗号,剿灭了宇文鲜卑贵族的复辟,并且平定了农民起义,战胜了各路诸侯。客观地评价一下隋炀帝杨广的失败,是太过急功近利,以至于用民过重。隋炀帝不是不伟大,而是伟大到过了头。

修建大运河本已伤民太重,对国力和民力消耗太大。加之一系列开疆拓土的战争又消耗了大量的国力,杨广没有及时地让民众休养生息。隋炀帝过分自信地还要三征高句丽,不仅消耗了大量自己的主力军队,致使不满的士兵发动兵变,而且给人民带来了沉重的负担,兵役、徭役太过繁重,导致民众为逃避沉重的负担纷纷揭竿而起。

但杨广如果没有死于宫廷的政变,历史又会怎样?大隋是有能力平定叛乱的,这一点可以从他的部下李渊的军队后来平定诸多叛乱中看出。

又假设说隋炀帝的三征高句丽取得了绝对的军事胜利,那么历史又会怎样?

历史没有如果,更没有假设,但是秦始皇帝的万里长城,历史上可是骂声不断,现在却是我们中华文明的骄傲。

同理,大运河呢?也同样应该是我们中华文明的骄傲。可是现实情况又是如何?

有权威学者说隋炀帝穷兵黩武,我只想告诉你们,看看汉武大帝,为什么?汉武大帝的一生也是用兵无数,关键是晚年的宫廷政变最后他是以胜利者的形象出现在历史上的。而隋炀帝就被冠上了穷兵黩武的罪名，有时候历史是否公平？是值得商榷的。

随文附录杨广这首"通首气体强大，颇有魏武之风"的千古名篇：

《饮马长城窟行——示从征群臣》

肃肃秋风起，悠悠行万里。

万里何所行，横漠筑长城。

岂合小子智，先圣之所营。

树兹万世策，安此亿兆生。

讵敢惮焦思，高枕于上京。

北河见武节，千里卷戎旌。

山川互出没，原野穷超忽。

撞金止行阵，鸣鼓兴士卒。

千乘万旗动，饮马长城窟。

秋昏塞外云，雾暗关山月。

缘严驿马上，乘空烽火发。

借问长城侯，单于入朝谒。

浊气静天山，晨光照高阙。

释兵仍振旅，要荒事万举。

饮至告言旋，功归清庙前。

拍碎阑干人不知——千秋寂寞是稼轩

永遇乐·京口北固亭怀古

千古江山，英雄无觅，孙仲谋处。

舞榭歌台，风流总被，雨打风吹去。

斜阳草树，寻常巷陌，人道寄奴曾住。

想当年、金戈铁马，气吞万里如虎。

元嘉草草，封狼居胥，赢得仓皇北顾。

四十三年，望中犹记，烽火扬州路。

可堪回首，佛狸祠下，一片神鸦社鼓！

凭谁问、廉颇老矣，尚能饭否？

说起辛稼轩，想到的一定就是他的诗词。辛弃疾词的艺术成就非常高，堪称豪放派的领军人物，人称词中之龙，与苏轼合称"苏辛"，与李清照并称"济南二安"。

但是，这些文坛称号的背后掩盖住了另一个辛弃疾。而这个辛弃疾才是真实的而不为多数人所知的辛弃疾。

辛弃疾（1140年5月28日—1207年10月3日），字幼安，号稼轩，山东东路济南府历城县（今

图片来源于著名国画大师颜梅华的作品《辛稼轩词意图》。

济南市历城区遥墙镇四凤闸村)人。

辛弃疾出生时，济南早已沦陷于金人之手了。从孩提开蒙之处，他所见的山河就是被金人铁蹄肆意蹂躏的破碎山河和在被异族奴役下苟延残喘的同泽手足。

辛弃疾幼年丧父，由祖父抚养成人。其祖父辛赞，虽在金国任职，却一直希望有机会"投衅而起，以纾君父所不共戴天之愤"，时常带着孙儿辛弃疾"登高望远，重画山河"。

所以，在辛弃疾幼年之时就已种下复中华神器的宏伟志愿。异族统治下的残酷现实，给了他光复沦陷的宋室山河的勇气和拯救生活在水深火热中的黎民百姓的意志。

他渴望成为"人中之杰"，"年少万兜鍪"、"金戈铁马，气吞万里如虎"是他的抱负。因此，恢复中原、报国雪耻便成了少年辛弃疾的唯一志向。

时光飞逝，稼轩在刻苦准备实现宏伟大志中，渐渐成长为中国历史上少有的太保少侠。

自完颜亮迁都燕京后，这时的金国内部矛盾不断，实力由于内耗已经开始渐有衰退。但对于统辖区内的汉族人民的暴戾，非但没有减弱，更是变本加厉。为了准备对南宋的军事活动，不断向汉族人进行肆意的压榨，这一时期，金国统辖区内的汉人对金及女真人的怨恨已达到了极致，可谓是"皆愿生啖女真肉"。

完颜亮(1122年2月24日—1161年12月15日)，女真名迪古乃，字元功，金代第四位皇帝。

绍兴三十一年(1161年)，金主完颜亮大举南侵，在其后方的汉族人民由于不堪金人严苛的暴政，奋起反抗。

"夜半狂歌悲风起，听铮铮、阵马檐间铁。南共北，正分裂。"21岁的稼轩振臂高呼，山河破碎，生灵涂炭，壮士怎能坐视？

当下应者云集，他聚集了两千多人的队伍终于揭竿而起，正式加入到反金的洪流之中。

因为当时耿京领导的起义军声势浩大，所以，稼轩加入了这支起义军。因稼轩饱读诗书，所以耿京便让他担任军中掌书记。

一日，起义军中有个名叫义

稼轩集结两千起义军投靠耿京。

端的假和尚要反水投金，于是偷了耿京的大印准备作投降金人的献礼。

他得手后连夜出逃，稼轩闻讯后一个人星夜追杀叛贼义端，追上叛贼义端后，义端自知不是稼轩的对手，于是大拍稼轩的马屁说："我识君真相，乃青兕也，力能杀人，幸勿杀我。"

稼轩是何等的忠臣烈士，哪里肯让此等廉耻尽丧的奸贼逃脱，手起刀落，只一刀便结果了叛贼义端的性命，拿回了军中大印。由此稼轩在起义军中名声大振。这样干脆利落的身手，真是一位传说中的侠客。

绍兴三十二年（1162年），当时另一位传奇人物虞允文以书生之身，领导宋军在采石矶大败完颜亮，之后，完颜亮被部下所杀，金人内部矛盾彻底爆发，金国上下一片混乱，金军向北撤退。

稼轩奉耿京之命南下与南宋朝廷联络，在他完成使命归来的途中，听到耿京被叛徒张安国所杀、义军溃散的消息，悲愤欲绝的稼轩立即率领五十铁骑夜袭敌营,于几万人的敌营中擒拿叛徒,带回建康,交给南宋朝廷处置(可耻叛徒张安国被游街示众后,斩首于闹市)。

"即众中缚之以归,金将追之不及。献俘行在,斩安国于市。"(见《宋史》)

"壮岁旌旗拥万夫,锦襜突骑渡江初。燕兵夜娖银胡䩮,汉箭朝飞金仆姑。"那是何等的惊心动魄!又是何等的荡气回肠。

"壮声英概,儒士为之兴起,圣天子一见三叹息。"(见《宋史》)智勇双全、文武兼备的辛弃疾由此名重四方。

由于稼轩在起义军中的表现,以及他惊人的勇气和文武双全,宋高宗特任命他为江阴签判,稼轩从此开始了他在南宋的仕宦生涯,时年他才二十五岁。

初来到南方时的稼轩,"天下英雄谁敌手?"他踌躇满志,以为从此鱼跃大海,鹰击长空,英雄有了用武之地。但他对南宋朝廷的政治打算并不了解,因为宋高宗赵构曾赞许过他的英勇壮举,加之不久之后即位的宋孝宗也一度表现出想要恢复失地、报仇雪耻的锐气,所以在他南宋任职的前一时期中,曾写了不少有关抗金北伐的建议,像著名的《美芹十论》《九议》等。

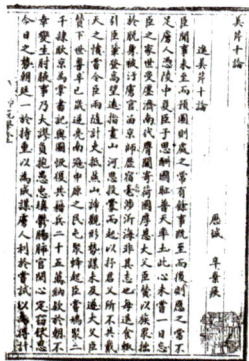

《美芹十论》为南宋爱国词人辛弃疾所作,该书从第一论以至于第十论,无一不是精辟之论。

尽管这些建议书在当时深受朝野称颂,广为传诵,已经不愿意再打仗的朝廷反应淡然,但是对辛弃疾在建议书中所表现出的才干和才华很是赞赏,于是先后把他派到江西、湖北、湖南等地担任转运使、安抚使一类重要的地方官职,去治理荒政、整顿治安。

从此稼轩大半生在官场载沉载浮,辗转于江苏、江西、湖北、湖南各地任转运使、安抚使一类的地方官职。虽然他在地方任上干得十分出色(期间还多次被解职、然后又起用),但"了却君王天下事,赢得生前身后名"才是他矢志不渝的追求。可是,"楼观才成人已去,旌旗未卷头先白。叹人间、哀乐转相寻,今犹昔。"

就这样,稼轩在宦海沉浮中度过了十九个年头。这显然并不是稼轩想要的人生,他深感岁月流逝,人生短暂而壮志难酬,内心也越来越感到压抑和痛苦。

南宋淳熙八年,1181年冬,四十四岁的稼轩在遭罢免后,在福建上饶的带湖,垦种田地、建造庄园。

他自己动手,在这个地方建起一片庄园,有多大呢?

南宋朝廷大臣洪迈在他写的《稼轩记》里是这样记载的:南北有一千二百三十尺长,东西有八百三十尺宽,房屋百间。亭、台、楼、阁皆备,池塘、园林俱全。

带湖山清水秀,空气清新,满山都是松树和翠竹。稼轩虽不能施展胸中抱负,但是能在这样的山水胜景中度日,他知足地感叹"万事从今足"。

淡泊名利的稼轩生活悠闲,他和当地百姓融洽得很,每逢带湖乡亲祭社神,用过的祭肉要分给大家时,辛弃疾也会挂着拐杖,去凑个热闹,分上一份,然后和着刚刚酿好的白酒寂寞地享用。("挂杖东家分社肉,白酒床头初熟。")

既然不能上阵杀敌,稼轩就自给自足,在自家庄园里开垦稻田，也是稼轩所说的"稻花香里说丰年"。朱熹听闻开始不信，于是偷偷地去看过，回来之后与人谈起啧啧称奇，认为这是他"耳目所未睹"的，算是大开眼界了。

48岁那年，隐居的辛弃疾身染重病，久别的老友陈亮特地前来探望。二人凭栏远眺，回首往昔，感慨万千。稼轩在他的词中发出了"男儿到死心如铁，看试手，补天裂"的呐喊。

他为金瓯残缺痛心疾首，"马革裹尸当自誓"的爱国激情汹涌澎湃，欲"拔剑斩坐骑，盟誓为国死"。

但如今的稼轩最多也只能发出无可奈何的喟叹："长门事，准拟佳期又误。蛾眉曾有人妒。千金纵买相如赋，脉脉此情谁诉？"

同样是文武双全的岳飞，虽缢死风波亭，"待从头收拾旧山河"壮志付东流，但他毕竟曾统率"岳家军"杀得金兵丢盔弃甲，赢得了"撼山易，撼岳家军难"的美名。

每每读诵稼轩的"醉里挑灯看剑，梦回吹角连营。八百里分麾下炙，五十弦翻塞外声"，脑海中就会浮现一个不得志的年迈将军，酒醉之后端灯看着自己的宝剑，心中所想的依然是那个杀敌报国的英雄梦。

想必，那时的稼轩最想做的事情是放下手中的笔，身披战甲，持枪锁苍龙吧。回到那片被烽火包围的疆土上呐喊杀敌，血战报国。呜呼，时不予己，天不假命，如之奈何，唯有借酒浇愁了。每每念于此，我都不禁替稼轩悲从中来，真可谓千秋寂寞是稼轩。

庆元二年（1196年）夏，带湖庄园失火，辛弃疾举家移居瓢泉。同年秋，稼轩生平所有的各种名衔全部被朝廷削夺得干干净净，他淡然处之，在瓢泉过着饮酒赋诗、闲云野鹤的村居生活。（"白发空垂三千丈，一笑人间万事。"）

嘉泰三年（1203年），主张北伐的韩侂胄起用主战派人士，已六十四岁的辛弃疾被任为绍兴知府兼浙东安抚使，年迈的稼轩以为毕生夙愿能得以实现，精神为之一振。

辛弃疾先后被起用为绍兴知府、镇江知府等职。第二年，他晋见宋宁宗，慷慨激昂地说了一番金国"必乱必亡"（《建炎以来朝野杂记》乙集），并亲自到前线镇江任职。

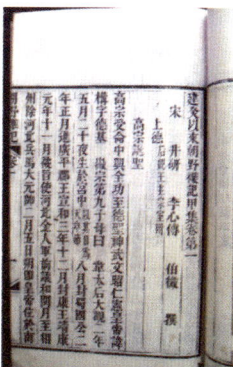

辛弃疾任镇江知府时，登临北固亭，感叹对自己报国无门的失望，凭高望远，抚今追昔，于是写下了《永遇乐·京口北固亭怀古》这篇传唱千古之作。

但他又一次受到了沉重打击，在一些谏官的攻击下被迫离职，辛弃疾怀着满腔忧愤回瓢泉。

宋代史学名著，分甲集、乙集各二十卷。作者李心传，四川井研人，曾纂修宋代《十三朝会要》，特别熟悉当代的史事和典章制度。

开禧三年（1207年）秋，朝廷再次起用辛弃疾为枢密都承旨，令他速到临安（杭州）赴任。但诏令到铅山时，辛弃疾已病重卧床不起，只得上奏请辞。同年九月初十（10月3日），辛弃疾带着忧愤的心情和爱国之心离开人世，享年68岁。

据记载，稼轩临终时还在大呼："杀贼！杀贼啊！"（《康熙济南府志·人物志》）

朝廷闻讯后，赐对衣、金带，命其以守龙图阁待制致仕，特赠四官。绍定六年（1233年），追赠光禄大夫。德祐元年（1275年），经谢枋得申请，宋恭帝追赠辛弃疾为少师，谥号"忠敏"。

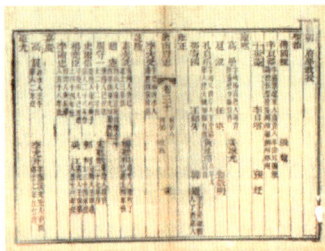

济南府志卷帙浩繁, 凡七十二卷首一卷、180余万字。济南府知府王赠芳、王镇主修, 成瓘、冷烜编纂, 清道光二十年（1840年）刊刻。

就这样, 这位伟大的文学家（他本该是一位伟大的军事将领）带着他惊世骇俗的武艺、绝世的才华、惊人的胆略、无所畏惧的勇气和无尽的惆怅离开了人世。

放眼中国整个词史, 最开始, 词只能用于宴会酬唱, 后来李煜等人对词诗化做出了贡献, 再后来, 步入北宋时代, 词的格局趋于完善。

北宋苏轼开创了豪放词风, 而南宋的辛弃疾不仅将这种词风推向了顶峰, 虽然世人将苏轼和稼轩并称"苏辛"。但是稼轩将崇高的爱国主义的情怀融入到了字里行间。

从这个意义上讲, 他在词坛上的建树是高过苏轼的。所以, 辛弃疾在文学史上有其不可替代的独特地位。但我要说的是, 稼轩本不该作为一个伟大的词人被后世记住, 他本应该至少以一个爱国将领被后世缅怀。

如果, 命运给了他历史的舞台, 相信, 辛弃疾会拥有更多炫目的头衔——伟大的政治家、军事家, 杰出的军事统帅, 伟大的民族英雄, 然后才是伟大的爱国词人, 但是, 历史是没有如果的。

教坊虽奏别离歌——商女巾帼是烈士

梁红玉（1102—1135年），原籍池州，宋朝著名抗金女英雄。"红玉"是其战死后各类野史和话本中所取的名字，因她曾入乐籍，史书中不见其名，只称梁氏。首见于明朝张四维所写传奇《双烈记》："奴家梁氏，小字红玉。父亡母在，占籍教坊，东京人也。"

梁红玉原籍是今属安徽的池州，但出生于江苏淮安，梁红玉的祖父和父亲都是武将出身，梁红玉自幼就因随侍父兄，而练就了一身的功夫。

张四维(1526年—1585年) 字子维，号凤磬，汉族，蒲州风陵乡人(今属芮城)，嘉靖三十二年(1553)进士，授编修。

宋徽宗宣和二年，睦州居民方腊，啸聚山民起义，迅速发展到几十万人，连陷州郡，官军屡次征讨失败，梁红玉的祖父和父亲都因在平定方腊之乱中因贻误战机或因战败获罪被杀。

梁家从此中落，梁红玉也因祖、父、兄获罪问斩，而受牵连入乐籍，沦落为京口营妓，即由各州县官府管理的官妓。

但由于她精通翰墨，又生有神力，能挽强弓，每发必中，故对平常少年子弟多白眼相对，毫无娟家气息。所以，虽红玉貌美，但当时的公子士人也并不愿与之亲近。

她和韩世忠，两人初次见面，是在平定方腊起义后的庆功宴上。

当时童贯平定方腊后，班师回朝，军行到京口，召营妓侑酒，梁红玉与诸妓入侍陪酒助兴。

红玉在席中见到韩世忠时，众多将领正在大吹大擂、欢呼畅饮。唯独韩世忠在众将中独显得闷闷不乐，少言寡语。这引起了梁红玉对他的注意。而梁红玉那英姿飒爽、不落俗媚的神气也引起了韩世忠的注意。

韩世忠(1089年—1151年)，字良臣，延安(今陕西省绥德县)人，南宋抗金名将，与岳飞、张俊、刘光世合称南宋"中兴四将"。

韩世忠是陕西绥德县人，虎背熊腰，一身是胆，为人耿介，尤喜济人急难，是一个正直而勇敢的英雄人物。两人各通身世、苦闷，交谈甚欢，由此韩世忠对梁红玉心生怜惜，所以替梁红玉赎身，出乐籍。梁红玉感其恩义，以身相许，于是英雄巾帼终成眷属。在韩世忠元配白氏死后，梁红玉成为韩世忠的正室。

北宋灭亡后，南宋建立定都临安，也就是今天的杭州，于是改汴京为开封，以宗泽为开封留守。

宋高宗，赵构(公元1107.5.21—1187.11.9)，宋朝第十位皇帝，即宋高宗，字德基。

建炎三年(1129年)，金军在粘罕的带领下由彭城入泗州，直抵楚州。宋高宗又仓皇往浙江一带逃跑，外忧引起内患，御

营统制苗傅与威州刺史刘正彦拥众作乱，袭杀了执掌枢密的王渊，分头捕杀了宦官，强迫高宗让出帝位，内禅皇太子，由隆祐太后垂帘听政。

在这次叛乱中，在秀州拥有重兵的韩世忠，其儿子及其夫人梁红玉也被扣押在内。

事变发生之后，宋高宗的行动已是毫无自由，宰相朱胜非与隆祐太后秘密商定，让在越州拥有重兵的韩世忠带兵勤王。可是，现在如何能出去，又派何等忠义之人可堪用报信之重任。

胜非公遗像

这时，宰相朱胜非想到了梁红玉，于是他秘密和梁红玉道出实情。原以为需要费一番口舌的朱胜非，不曾想梁红玉一听就义无反顾地答应下来。梁红玉对朱胜非说："我虽为女流，但也知国家大义，当此危难，理当为国解忧。"

这里一切商量妥当后，宰相朱胜非就故意找御营统制苗傅，商议军国大事。

朱胜非对苗傅说："韩世忠听到事变后，不立即前来，说明他正在犹豫，举棋不定。如果，此时你能派他的妻子前去迎接他，并劝韩世忠投奔于你，那么我们的力量就会大增，那么对于其他的人，你就不用那么有所顾忌了。"

苗傅听罢大喜，以为是一条好计，但有所狐疑便找来梁红玉试探。梁红玉故意装出一个出身教坊的人，只看重丈夫有功名利禄的样子，十分欢喜地满口答应。

于是苗傅立即准许梁红玉出城去找韩世忠，梁红玉一回到家中抱起儿子就跨上战马，一路疾驰而去。

梁红玉马不停蹄，一夜时间竟奔驰数百里赶到了秀州，将宰相和太后密议的计划告诉了丈夫韩世忠。在了解一切情况后，韩世忠当即会同张浚、张俊，带兵勤王，平定了苗傅等人的叛乱。

宋高宗欣喜万分，亲自到宫门口迎接他们夫妇，封韩世忠为御营平寇左将军，并由太后封梁红玉为安国夫人。后又授韩世忠武胜军节度使，不久又拜韩世忠为江浙制置使。

建炎三年冬，1129年10月，因南宋内乱，给了金军可乘之机。金太宗完颜晟以完颜宗弼（即小说中所称的金兀术）为统帅，号称率军十万南下攻宋。

十一月，完颜宗弼自马家渡（今安徽马鞍山市东北）渡江。宋浙西制置使韩世忠为避其锋，自镇江（今属江苏）引军退守江阴军（今江阴）。宗弼迫降建康（今南京）后，迅速挥师南下，奔袭临安（今杭州）。韩世忠料金军孤军深入，难以久据，遂将其军分为三部：前军驻通惠镇（今上海青浦北），中军驻江湾（今属上海），后军驻海口，大治海船，操练水战，俟机北上截击金军归师。

金军在完颜宗弼率领下长驱直入，攻入江浙。宋高宗先从杭州撤退到明州（今浙江宁波），再从明州撤退到海上。这时金军已经孤军深入江南5个多月，江南各地到处爆发汉人激烈的全民反抗。

完颜宗弼见不能短时间灭亡南宋，再待下去恐要有被彻底截断后路的危险，于是在江南大肆掳掠财物和人口之后向北撤军。

这时韩世忠已担任浙西制置使，从斥候的情报得知金军向北撤军，于是便率水军八千人急赴镇江截击。

当时金军虽然号称十万，未必真有那么多，但兵力肯定是大大超过韩世忠的八千水军。而且韩世忠所部的宋军在金军南下时已经败过一阵了。

另，兵法有云"归师勿遏"。意思是不要轻易阻截归乡的敌军，否则急切思乡、归心似箭的敌军往往会爆发出超乎寻常的战斗力。所以从现实来看，韩世忠所率的南宋水军无论是从兵力上、士气上还是战斗力上与金军相比都处于下风。

金军统帅完颜宗弼当时也觉得韩世忠是在以卵击石，于是狂妄地下战书给韩世忠约定地点和日期开战，民族英雄韩世忠接受了。

在约定的地点和日期，金军开始北渡长江，韩世忠亲乘战船指挥水师迎战金军，宋、金双方舟师在金山脚下江面上展开了力量悬殊但极为惨烈的激战。

眼看南宋水军因力量悬殊渐处下风之时，巾帼英雄梁红玉冒着漫天的金军箭雨，身披软甲攀上战船桅杆上的击鼓台，舍生忘死地擂鼓助阵。南宋将士抬头一望，见如此情景，无一不战志万丈，个个奋勇向前、血洒疆场，连续打退了金将斜卯阿里所率金军舟师的十几次轮番进攻。金军十倍之众竟始终不能渡江。

金军遭到重挫，大出完颜宗弼所料，于是他派出使者对韩世忠表示，只要韩世忠肯放他们一条生路，他愿意归还所有在江南掠夺的财物和人口，另外还送给韩世忠名贵战马作为谢礼。

韩世忠英雄盖世，哪里肯依，一口回绝。于是敌我双方在长江上且战且走。金军因不熟悉地理，被宋军逼入黄天荡死港。

此时本是消灭金军的最好时机，但是韩世忠和梁红玉的兵力实在太少，又没有陆军配合，完颜宗弼趁双方相持之际，凿通了湮塞已久的老鹳河故道30里，撤往建康（今南京）。

完颜宗弼在撤向建康的途中，又遭到岳飞率领的岳家军阻击。不得已又折回长江继续北渡。

韩世忠水军多为海战舰，形体高大，稳性好，攻击力强。为了发挥这个优势，韩世忠令工匠制作了许多用铁链联结的大铁钩，并挑选健壮的水兵练习使用，用以对付金军的小战船。

四月十二日清晨，金水军首先发起进攻，韩世忠水军分两路迎战，陷敌人于背腹受击的境地。南宋战船乘风扬帆，往来如飞，居高临下用大钩钩住敌船一舷，使劲一拽，敌船便随之倾覆。宋军再一次获胜。

由于连战皆胜让韩世忠开始轻敌，认为金军不习水战，遂大意起来。不料有人向完颜宗弼建议利用海船无风难以开动这一弱点，选一个无风的天，向宋军发起攻击。

完颜宗弼特设坛祈求无风，在这个仪式中，完颜宗弼杀白马，并割破自己的额头，又将掳掠来的宋朝妇女开膛剖腹，挖出心脏，祭祀上天。

不知是否是完颜宗弼气数未尽，结果第二天真的没有风了。完颜宗弼立即率领舰队向宋军发起总攻。金军以小舟纵火，用火箭射击宋军的船帆。宋军的海船无法开动，都成了金军火箭的靶子。

不多时，宋朝战舰全部都被烧着，宋军大将孙世询、严允英勇战死。韩世忠败退镇江，金军由此突围北去。

虽然从战术上来说，韩世忠此战败得很惨，但是从战略上来说，韩世忠以绝对劣势兵力而能阻击金兵达48日，而且金兵北去后不敢再南顾进犯，已经达到了击退金兵的战略目的。

但是金兵败北之后，梁红玉不但不居功请赏，反而因金兵突破江防，上疏弹劾丈夫韩世忠"失机纵敌"，请朝廷"加罪"。这一义举，使举国上下，人人感佩，传为美谈。

（其实按照宋制，妻子如果控告丈夫，本身就是犯罪，即便情况属实，也要判刑三年。南宋女词人李清照，起诉第二任丈夫张汝舟，官司打赢了，她却被关进了监狱。9天之后，多亏亲友搭救，她才获释。）

（《鹤林玉露》记载了这段意气之争："夫人奏疏言世忠'失机纵敌'，乞加罪责。举朝为之动色。"）

更有，梁红玉在黄天荡阻击战中，屡屡亲执桴鼓，和韩世忠共同指挥作战，将入侵的金军阻击在长江南岸达48天之久，朝廷为此再加封她为"杨国夫人"。

建炎四年（1130年）后，红玉独领一军，多次随夫出征，与韩世忠转战各地，多次击败金军，梁红玉从此名震天下。

绍兴五年（1136年），韩世忠被任命为武宁安化军区司令（武宁安化军节度使），驻扎楚州（今江苏淮安区）。梁红玉又随韩世忠率领将士以淮水为界，旧城之外又筑新城，以抗击金兵。

经过战乱的浩劫，楚州当时已遍地荆榛，军民食无粮，居无屋，梁红玉亲自用芦苇"织蒲为屋"。

在寻找野菜充饥时，在文通塔下的勺湖岸畔，发现马吃蒲茎，便亲自尝食，并发动军民采蒲茎充饥。

淮人食用"蒲儿菜"，相传就是从梁红玉开始。蒲儿菜因此称作"抗金菜"。由于韩世忠、梁红玉与士卒同劳役，共甘苦，士卒都乐于效命。经过苦心经营，楚州恢复了生机，又成为一方重镇。

绍兴五年农历八月二十六日（1135年10月6日），梁红玉遇伏，遭到金军围攻，在激烈的肉搏战里，梁红玉小腹遭到重创。肠子都流出来了，她撕下自己的红汗巾，紧紧地裹住已鲜血淋漓的小肚子，依然咬牙奋战，血战不降。

《英烈夫人祠记》其中记述道："敌矢如雨，猬集甲上。梁氏血透重甲，入敌阵复斩十数人，力尽落马而死。金人相蹂践争其首级，裂其五体……"终年三十三岁。

惊天地、泣鬼神的梁红玉首级，被敌军割走，四肢被肢解，遗体曝尸三日后，随即遣返宋营。

"拼合之际，验梁氏全尸。创伤数十，致命者七，皆在身前也。"韩世忠抱住妻子，放声大哭。朝廷闻讯，大加吊唁。

据宋李心传撰《<建炎以来系年要录>卷九二于绍兴五年八月丁卯条》："淮东宣抚使韩世忠妻秦国夫人梁氏卒，诏赐银帛五百匹两。"

宋高宗赵构称赞梁红玉："智略之优，无愧前史。"

《杨国夫人传》这样给出评价："若杨国者，女中丈夫也。靖康、建炎之际，天下安危之机也。天赐忠武，杨国是天以资宋之兴复也。然功败垂成，惜哉。"

《英烈夫人祠记》评价梁红玉："娼优异数也。以卑贱待罪之躯，而得慧眼识人之明，更纵横天下，争锋江淮，收豪杰，揽英雄，内平叛逆，外御强仇，挽狂澜于既倒，扶大厦于将倾，古今女子，唯此一人也。惜乎天不假年，死于非命。然青史斑斑，名节永垂。"

绍兴二十一年（1151年），韩世忠病逝，梁红玉的遗体被迁到苏州夫妇合葬于苏州灵岩山下。

韩世忠、梁红玉去世后，宋孝宗令竖碑建祠以纪念他们。今苏州市沧浪区枣市街小学即原蕲王祠，供韩、梁两尊塑像，壁上有"春祭韩王诞正月二十日，秋祭梁夫人诞九月初六日"。

梁红玉家乡父老为纪念这位女中豪杰，亦在其出生地建祠塑像以纪念她。梁红玉祠原祠附设在北辰坊火神庙内，明清时多次进行修建。1959年，淮安县人民政府在原址重新建祠，十年期间被拆除。1982年又重新建祠，新建的梁红玉祠东西长19.56米，南北宽30.53米，占地面积597.17平方米，庭院四面有围墙，大门朝南，门头上为我国已故著名女书法家萧娴所书"梁红玉祠"四个大字。

庭院中遍植松柏花木。在庭院北侧为京殿三间，东西长10.5米，南北宽7米，建筑面积73.5平方米，整个建筑仿明代建筑，古色古香。殿中神台上置有高1.7米的梁红玉戎装佩剑塑像，神采飘逸，英姿飒爽。

希望读者有机会一定要去那里，拜祭一下这位古今中外，复以不见的奇女子，她是我大汉民族的民族英雄，她是中国历史上真正的巾帼烈士。

梁红玉彪炳史册、永垂千古！

墨竹图
宋·文同
绢本水墨（131.6*105.4厘米）
中国台北故宫博物院藏

文同（约1018-1079），梓州（今四川盐亭）人。文同长于诗文书法，绘画以墨竹名盛于世。文同为苏轼的至亲表兄，二人更有共同爱好，他们在梅、兰、竹、菊题材的传统文人画上做了重大贡献。该图画倒挂墨竹，浓淡有序，层次分明。钤有"嘉庆御览之宝"。

妖艳拒霜盛
裁冠錦羽鷄
已知金五德
不逐勝鳧鷖

宣和殿御製并書

芙蓉锦鸡图
宋·赵佶
绢本设色（81.5*53.6厘米）
北京故宫博物院藏

赵佶（1082-1135），即宋徽宗，北宋画家、书法家。赵佶在政治上昏庸无能，但在书画艺术方面却有精深造诣。擅书法，自创瘦劲锋利的"瘦金体"。绘画重写生，以精工逼真著称，工艺鸟，亦擅山水和人物，传世作品还有《柳塘芒雁图》等。此幅双钩工整，晕染细腻，传达出皇家的雍容富贵气派。画中有赵佶"宣和殿御制并书"的题签和"天下一人"草字押书。

腊梅山禽图
宋·赵佶
绢本设色（82.8*52.8厘米）
中国台北故宫博物院藏

赵佶最擅长作花鸟画，其传世作品中以花鸟题材为最多，此图就是其中代表作品之一。图中绘有一枝腊梅，枝干略弯，富有韧性，枝头几朵黄梅绽开，清香浮动，颜色和树下的萱草相互呼应。枝头一对山雀相互依偎，神态生动，极富生活情趣。画家题诗一首："山禽矜逸态，梅粉弄轻柔，已有丹青约，千秋指白头。"从此画中可了解作者诗、书、画三方面的艺术造诣。画的右下侧署款"宣和殿御制并书"，上方有历代收藏家的鉴藏印。

宋字立朝

公元960年，后周殿前都点检赵匡胤借口契丹与北汉联合进犯边境，率领大军北上。夏历正月初三，他在京城开封东北四十里的陈桥驿发动兵变，"黄袍加身"，这就是中国历史上著名的陈桥兵变，也由此诞生的一句著名的成语"杯酒释兵权"。

之后赵匡胤逼迫后周幼主——柴宗训禅位，登上了其觊觎已久的皇权宝座。

那么，赵匡胤为什么要把自己新建立的王朝国号定为"宋"呢，这个国号的由来是怎样的呢？

赵匡胤，字元朗，宋朝开国皇帝。后唐明宗天成年间生于洛阳夹马营，祖籍涿郡，父亲赵弘殷，母亲杜氏。

李渊，唐高祖李渊（566年—635年6月25日），字叔德，陇西成纪人，祖籍邢州尧山，唐朝开国皇帝。

中国古代封建王朝的国号，大都以开国君主旧时的封地或封号为名。如刘邦曾在秦末农民战争时期，被西楚霸王项羽封为汉王，故将新王朝定名为"汉"。

东汉末年曹操曾被加封为"魏王"，故其子立国号为"魏"。杨坚袭爵"隋国公"，称帝后国号"隋"。

而李渊在隋朝时袭封"唐国公"，故

其建立的王朝国号为"唐"。宋太祖赵匡胤之所以将国号定为"宋",也是受到这种封建传统的影响。

赵匡胤在后周时期虽未被封侯封王,但他曾被授为归德军节度使,其治下所在是当时的宋州(今河南商丘),于是定国号为"宋"。

赵匡胤在他的即位诏书中就说过:"汉唐开基,因始封而建国,故宜国号——大宋。"

但是赵匡胤在后周时不仅被封归德军节度使,还曾被授为匡国军节度使、忠武军节度使、义成军节度使,这些职衔均早于归德军节度使(入宋后避讳改为"定")。为什么不选这些治所地名作为国号呢?"宋"国号的由来,其中还受到了金木水火土"五行"学说的影响。

自战国时邹衍提出"五运推移"学说之后,历代封建王朝都希望自己统治长久,德运胜过前朝。

赵匡胤取代后周后,因周的德运是"木",木生火,所以新王朝应该是火运,才能胜过周朝。

按照当时对天文地理的解释,赵匡胤治下宋州的所在之地,与二十八星宿中的心宿相对应,而心宿中的心宿二又被称为"大火",正与新王朝"火运"相对应,赵匡胤也正是因为在被授为归德军节度使后才很快"黄袍加身"。

因此,赵匡胤一直认为这里是的自己龙兴之地,所以把宋州的"宋"作为新王朝的国号,并宣布"定国运以火德,王色尚赤"。

在即位后他为了表达自己对上天眷顾的感恩之心,故而将宋州改为"应天府",进而火神也成为宋朝君臣崇拜祭祀的重要神祇。

此外，宋州早在西周时就是宋国的都城，对古代王朝的尊崇和借重也是赵匡胤君臣选择"宋"作为新王朝国号的重要原因。

因皇室姓赵，故历史上也称作宋朝为赵宋（也有别称为火宋、炎宋），宋朝定都汴梁（今河南开封），后改称为东京，并先后设陪都西京（河南洛阳）、应天府（也有称南京的，在今河南商丘）、大名府（也有称北京的，在今河北大名）。

后来赵匡胤和赵匡义两兄弟，逐步统一了中国，由于政权相对于后来的南宋而言位置在北方，所以被后世史学家称之为北宋。

靖康年间（公元1127年），金兵攻陷东京，徽、钦二帝受金人掳去，北宋遂亡，靖康之变后，宋室南迁。

1127年，夏历五月初一，宋高宗赵构在南京应天府（今河南商丘）登基，继承皇位，改元为建炎。

从这个年号看出，宋高宗还是想重建大宋王朝的，所以年号称为建炎，史称南宋。

宋高宗赵构由此成为南宋历史上第一位皇帝，后因为金兵继续进犯，宋高宗赵构为了保存实力以图日后发展，进行了战略性的南迁，将皇室和朝廷的机构设在杭州，为表明宋室皇朝一定会王师北定，收复中原失地，此处只是临时安顿之地，所以又将杭州更名临安，就此临安成为南宋的都城。

宋高宗，赵构（公元1107年5月21日—1187年11月9日），宋朝第十位皇帝，即宋高宗，字德基，在位35年，南宋开国皇帝。

公元1276年，忽必烈破南宋都城临安，这其实是宣告了宋室王朝的灭亡。但是宋朝王室和广大的爱国军民始终没有屈服和投降，进行了艰苦卓绝的斗争和抵抗。

文天祥在陆地组织军民反抗忽必烈蒙古大军的侵犯，陆秀夫等人和宋室皇族在海上漂泊，组成中外历史上少有的行朝。

祥兴二年，1279年，流亡了三年的南宋朝廷在广东的崖山附近，和元朝军队展开了最后的大决战。

此次战役之后，赵宋皇朝悲壮地陨落了，这同时也意味着南宋仅

文天祥（1236年6月6日—1283年1月9日），初名云孙，字宋瑞，一字履善。自号文山，浮休道人。江西吉州庐陵（今江西省吉安市青原区富田镇）人，南宋末年文学家，爱国诗人，民族英雄，与陆秀夫、张世杰并称为"宋末三杰"。

存的势力彻底消失，野蛮愚昧的蒙古人最终侵占了整个中国。

这是中国历史上，第一次整体被北方游牧民族所侵占。南宋皇朝的消失，标志着中国古典主义华夏文明时代的终结。

崖山战败，使得一脉相承数千年的中华文明从此产生断层，其影响深远延续至今。因为之后明清的文明形态和中华原本的文化和文明，已截然不同了。

这也就是为什么会有"崖山战后无中华"的观点。宋朝的灭亡让中国从农业帝国向近似现代的初级商业文明社会的转型彻底化为泡影。

或许，风流总被雨打风吹去吧，可能正是因为宋朝过早的想尝试，放弃中央集权的农业帝国形态，所以才会有了现在的历史结果吧。

在冷兵器时代的东亚季风区，文明被野蛮打败和消灭，或许这就是历史残酷的一面。

南宋英雄烈士不瞑目
——只因万古奸贼张弘范

在本篇开始前，我想问一个问题，什么问题？文天祥，相信中国人都知道，如果有人问文天祥是不是近六百多年来，一直是中国历史上备受推崇的民族英雄，一个伟大的爱国者？

我相信所有真正的中国人，都会和我一样毫不犹豫地说："是的。"

但是，现在有一个问题出现了，文天祥可能不是爱国者，更不是什么民族英雄？为什么？理由很简单，几年前国内重金开拍了一部电视剧《民族英雄·张弘范》。

张弘范，字仲畴，何许人也？此人就是生擒了文天祥，并且押送至元大都，最后，文天祥在元大都英勇就义。

所以问题来了，如果张弘范被奉为民族英雄的话，那么文天祥又是什么？

"崖山之后无中华"想必大多数人都知道，这个张弘范就是指挥这次海战的指挥将领。如果张弘范是民族英雄？陆秀夫、张世杰又算是什么？人人尽知的民族英雄，岳飞、韩世忠又算什么？那秦桧又算是什么？

张弘范，易州定兴人，曾参加过襄阳之战，后跟随元帅伯颜南下攻打南宋，是忽必烈灭宋之战的主要指挥者。至元十七年正月十日病死，时年四十三岁。

问了那么多问题？大家一定也像我一样困惑吧？那我们先从了解这个张弘范开始，再慢慢拨云见日，寻找原本不需要寻找的答案。

张柔，字德刚，易州定兴人，是金末河北地区汉人土豪，也是张弘范的父亲。金朝末年，蒙古军大举攻伐，盗贼四起，张柔以聚众自保为名，拉起一支队伍，号称保乡为国。金国的中都经略使苗道润很赏识他，保奏其为定兴令。后金国朝廷又加昭毅大将军，"权元帅左都监"等高官美职，想让张柔为金朝死心塌地地效力（这个时期南宋军队和蒙古对金国是呈南北夹击之势）。

不久，苗道润为基副使贾润所杀，此时恰逢蒙古军队突袭紫荆口，狼牙岭一役，张柔因被坐骑掀翻在地被蒙兵俘获，张柔遂即向蒙古兵投降，并立时掉头率众猛攻贾润，打着为苗道润报仇为名，把金军杀得大败。俘虏贾润后，张柔生剖其心，以祭奠恩公苗道润。此举，看似为老上司报仇，实则是向老东家开刀，贾

苗道润，金朝大臣。贞祐初为河北义军队长。宣宗迁汴，河北义军集结，抗击蒙古兵。

润手下兵将毕竟都是金国所属（此事不多说，反正张柔杀的还是金国人）。

投降蒙古后，张柔越战越勇，大败金国真定主帅武仙，攻克三十余座城池，被蒙古授予荣禄大夫、河北东西诸路都元帅。

蒙军围攻金国都城汴京，张柔居功甚大，最终把金国灭族歼种，送上不归之路。

之后，这个汉人张柔又不遗余力地为蒙古进攻南宋，并派出他手下最得力的诸将随蒙哥汗进攻蜀地。他本人跟从忽必烈进攻鄂州，为忽必烈屡立战功。忽必烈北还与阿里不哥争夺汗位，下令张柔率军保卫，张柔即刻调派其手下汉族劲卒数千人拱卫大都，可见张柔对忽必烈的"忠心"。（张柔在协助蒙古人攻克鄂州这时，不但肆意屠城，屠杀无辜汉族同胞，轮奸至死的汉女不知其数，更丧心病狂的是将无辜百姓或捣成肉糜或制成肉脯以充军粮。）

忽必烈（1215年—1294年），蒙古族，政治家、军事家，大蒙古国的末代可汗，同时也是元朝的开国皇帝，蒙古尊号"薛禅汗"。

至元五年，蒙元得力的爪牙张柔病死于床榻，蒙古人赐谥号忠武，日后还被追封为"汝南王"。

张柔有十一个儿子，个个都是蒙古人的鹰犬，其中以第九子张弘范最为得力。"善马槊，颇能为歌诗"，张柔因是土豪、军将出身，河北地区的好学风气使他极其注重子弟教育，曾请大儒郝经教授儿子们学业（注意此处张弘范接受的是正统的中华儒家教育）。

张弘范可谓是文武双全，此外，弱冠之时的张弘范遍览中国古代典籍，对汉朝大英雄李广还是殊为钦佩的。

《读李广传》

弧矢威盈塞北屯，汉家飞将气如神。

但教千古英名在，不得封侯也快人。

这可是他少读李广传时写的诗，不知道还以为是哪位爱国诗人写的诗句，李广可是威震匈奴的汉室英雄。

但是张弘范不是，元世祖中统三年，他讨伐李璮之叛，于济南进行攻城战（李璮是忽降宋忽降蒙的原金国"红袄军"将领李全之子，这父子皆是奇葩，谁势大就依附谁。根本没有廉耻一说。趁蒙哥汗新死，忽必烈与阿里不哥等宗王争位，李璮又降了宋，虽是想割据一方为王，但毕竟李璮的军队还是代表南宋在和蒙古人作战）。

出征之时，张柔对张弘范说："你围城时勿避险地，一则，立营险地，你必无懈怠之心。二则，治下兵士也必有争胜之志。三则，军中主帅知道你坚守险地，也定会从全军利害出发，有敌来袭，定当倾力赴救，如此正好，你可立大功！"

张弘范跟随蒙古宗王合必赤围济南，果然自告奋勇立营于地势最险的城西。

李璮派兵出城突营，唯独不冲击张弘范一军。张弘范告诫手下："我军营于险地，李璮独向我们示弱，不以军来犯，定会趁夜突袭。"

于是他命军士筑起长垒，埋伏战士，并在垒外挖深壕，并大开军营东门。天刚黑，张弘范又让兵士把白天所挖的壕沟加深加宽近两倍。果不其然，夜半时分，李璮果然派人偷营，抬着飞桥和长梯，蜂拥而至。

李璮因白天看见张弘范兵士挖壕沟，根据目测，他们赶制了尺寸差不多的攻击用具。

哪里想到，张弘范趁黑让兵士加深加宽了壕沟，突袭的李璮军连同云梯、飞桥等物一并栽入沟中，当时就摔死了不少人。即便没被摔死，也被埋伏的蒙古军队乱刀砍死。

但还是有数百人跃上壕沟，还未靠近营门，都被蒙古人的伏兵张弓射杀，一个不剩，全部战死。

李璮手下数千人一夜被杀，二主将被擒。张柔闻知，掀髯大笑，高叫："真乃吾子也！"

也正因为此战，忽必烈亲自召见张弘范，授顺天路管军民总管，"佩金虎符"。第二年，又让他坐镇大名。

从此之后，蒙古人侵略南宋，张弘范一直都是作为蒙古军队的先锋，在襄阳和樊城的关键战役上，张弘范不但出谋出力，还身先士卒，冲锋在前。最终克樊城，降襄阳，并陪同南宋降将吕文焕回元大都觐见忽必烈，获得卖主求荣后的报酬，赐锦衣、宝鞍以及白银无数。

至元十一年开始，元军统师伯颜领军渡江，吹响了灭宋最后的狰狞号角，而渡江前锋正是张弘范，为此，鹰犬汉将张弘范还作了一首自诩气概"豪迈"的诗。现附录如下：

《过江》

磨剑剑石石鼎裂，饮马长江江水竭。

我军百万战袍红，尽是江南儿女血。

真不知道这个禽兽不如的汉贼，作下这首诗时是何种心态？还百万战袍红，尽是江南儿女血？他有没有想过他染的是自己族人同胞的鲜血啊！

至元十二年夏，张弘范率蒙古军队相继击败贾似道、孙虎臣所率的南宋水陆大军，长驱直入至建康。

因怕暑气炎热引发疫病降低战斗力，忽必烈下旨，想制止元军的一再突进，张弘范向伯颜力谏，希望元军"乘破竹之势"一鼓作气，直捣建康。

见元军统帅伯颜不许，张弘范竟然亲自回大都向忽必烈陈说进攻形势。得到忽必烈的首肯后，他马不停蹄地飞驰回作战最前线，又分别击败南宋大将姜才等人，并在焦山决战中出奇兵，把张世杰与孙虎臣所统的南宋水师杀得血染大江，夺得南宋战舰上百艘。

最终，与元军统帅伯颜一起，率大军兵临杭州城下，迫使谢太后与宋恭帝出城投降。

至元十五年，得知与自己同宗的南宋大将张世杰在海上立广王赵昺为帝，张弘范又自告奋勇，准备为蒙古人拔掉最后一颗眼中钉。

忽必烈诏令其为"蒙古汉军都元帅"，汉贼张弘范还假意推辞主帅一职："汉人自本朝之始，无统蒙古军者，请陛下命一蒙古宗亲为主帅，臣为副之。"（注意此处，为何？因目前有无知之人，不知出于何种居心说张弘范不是汉人，所以他不是汉贼，此处就是铁证！）

张世杰，涿州范阳（今属河北范阳）人。宋末抗元名将，民族英雄。

忽必烈又喜又叹："汝能以汝父为榜样，为朕尽心，何辞主帅！"马上派人赐张弘范锦衣玉带。张弘范果然奸诈，说自己不喜锦衣和玉带，只喜欢宝剑与铠甲。

忽必烈立马命人把武器库中最好的宝剑和铠甲搬至大殿，

任由张弘范选择，并下谕道："剑，汝之副也。有不用命者，卿可专杀。"

忽必烈授予张弘范的等同于尚方宝剑，无论蒙古还是汉人等诸族大将，有不听命者都可以立时处斩。

有了尚方宝剑，张弘范精神抖擞地飞驰至扬州，择选将校及二万水陆精兵，以其弟张弘正为先锋将，分道夹击。

元军在张弘范的指挥下连战连捷，生擒文天祥，大败张世杰，气势汹汹向崖山杀来。

祥兴二年（1279年）正月，张弘范率元军攻至崖门，元军浩浩荡荡陆续抵达崖山，对崖山形成三面包围之势。

面对巨大压力，张世杰昼夜苦思破敌之策。有幕僚向张世杰建议应该先占领海湾出口，保护向西方的撤退路线。张世杰想置死地而后生，否决建议并下令尽焚陆地上的宫殿、房屋、据点等所有建筑。

下将令，千多艘宋军战船以"连环船"的办法，用大绳索一字形连贯在海湾内，并且安排赵昺的"龙舟"放在军队中间。

大战之初，元军以小船载茅草和膏脂等易燃物品，乘风纵火冲向宋船。但宋船皆涂淤泥，并在每条船上横放一根长木，以抵御元军的火攻。

张弘范见火攻不成，下令以水师封锁海湾，又以陆军断绝南宋军队汲水及砍柴的道路。

南宋军队吃干粮十余日，饮海水，士兵呕泄，但南宋大军宁死不降，张世杰率苏刘义和方兴日继续与元军殊死抗争，张弘范擒张世杰甥韩某，三次要挟张世杰，但张世杰表示：身为大汉子孙岂能受此要挟卖主求荣，万死何惧。

祥兴二年（1279年）二月六日癸未，恼羞成怒的汉贼张弘范下令猛攻南宋誓死抗争的军民。

元军中有人建议先用火炮攻击，张弘范认为火炮虽能打乱宋军的一字阵型，但是反而能让南宋军民容易撤退，否决了这个提议。

张弘范将其军分成四路，宋军的东、南、北三面皆驻一军，张弘范亲自领一军与宋军正面交战，并以奏乐为总攻讯号。

正午时段，张弘范的水师于南宋军队正面进攻，元军假装奏乐，宋军听到后以为元军正在宴会，人困马乏、疲惫不堪的南宋军队松懈了。

张弘范用布遮蔽预先建成并埋下伏兵的船楼，以鸣金为进攻讯号。各伏兵负盾俯伏，在矢雨之下驶近宋船。

两边战船快要接近之时，元军鸣金撤布与南宋展开交战，一时间连破七艘宋船。

宋师大败，元军一路打到宋军中央。这时张世杰早见大势已去，带领精兵和苏刘义的余部共十余只船舰，斩断大索突围而去。

南宋七岁皇帝赵昺的龙船在军队中间，四十三岁的陆秀夫见无法突围，跪下对七岁的赵昺说："陛下，为兴宋室，我一直不停奋战，但事到如今，已无力挽回了。陛下是大宋皇室正统血脉，断然不会做出辱没您皇室血统的决定。"

少帝赵昺平静地望着陆秀夫，微笑着说道："我明白了，陆丞相，卿没有背弃我，自始至终陪伴左右，护卫朕，只能来世再谢了。"

陆秀夫看着鲜血染红的海面，又看看年幼的少帝，强忍住眼泪背起少帝，用带子紧紧地把少帝和自己捆绑在一起，仰天长啸："蒙鞑子，总有一日我们的后代，一定会来征讨你们的。"语罢后一跃入海。

随行十多万军民见状，高呼宁死不降的口号相继跳海殉国，十余万军民浮尸血海之上。

（文天祥因被俘押至潮阳，见张弘范时，左右官员都命他行跪拜之礼，文天祥宁死不从。

陆秀夫，字君实，一字宴翁，别号东江，楚州盐城长建里（今江苏省建湖县建阳镇）人。

张弘范将文天祥带到崖山，要他写信招降张世杰。文天祥说："我不能保卫父母，还教别人叛离父母，可以吗？"

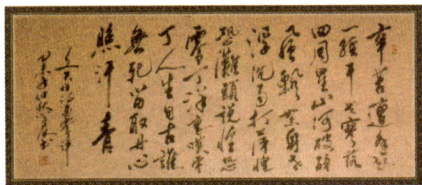

张弘范多次强逼，于是，文天祥写了《过零丁洋》交给张弘范以表心志。

辛苦遭逢起一经，干戈寥落四周星。

山河破碎风飘絮，身世浮沉雨打萍。

惶恐滩头说惶恐，零丁洋里叹零丁。

人生自古谁无死？留取丹心照汗青。

张弘范笑着看完不语，崖山战败后，元军中置酒宴犒军，张弘范说："丞相的忠心孝义都尽到了，若能改变态度像侍奉宋朝那样侍奉大元皇上，将不会失去宰相的位置。"

文天祥眼泪扑簌簌地说："国亡不能救，作为臣子，死有余罪，怎敢怀有二心苟且偷生呢？"

后来，因文天祥誓死不降元朝，被处极刑。临刑前几番抗争，要向南面叩拜，问何故？答曰："宋室虽亡，仍须尽臣子之礼。"叩拜完毕之后，对剑子手说："吾事已毕，动手吧。"文天祥慷慨就义。）

祥兴二年（1279年）三月十九日，崖山海战结束，大宋王朝宣告灭亡。

张世杰希望奉杨太后（杨淑妃）的名义再找宋朝赵氏后人为主，再图后举，但杨太后在听闻宋少帝赵昺的死讯后，亦赴海自杀殉国。张世杰将其葬在海边。不

崖门海战图

久张世杰在大风雨中不幸溺卒于平章山下（约今广东省阳江市西南的海陵岛对开海面）。

崖门海战之后一天，即二月七日早晨，陆秀夫的尸体被百姓找到，安葬起来，而小皇帝赵昺的尸体则被元军寻得，只见眉清目秀的少帝身穿龙袍，头戴皇冠，身上还挂着一个玉玺。元兵将玉玺交给张弘范，张弘范确认这小儿是赵昺，派人去寻，然而赵昺的尸体已经下落不明。据说被百姓埋葬在了广东深圳赤湾村里，至今仍存。

崖山海战之后，张弘范命人在崖山岩壁上雕刻了"镇国大将

军张弘范灭宋于此"十二个大字。

大明成化二十二年（1486年），御史徐瑁对奇石上十二字深恶痛绝，命人除去，欲改书"宋丞相陆秀夫死于此"九字。而陈白沙认为宋亡时死者十数万，不独陆秀夫，宜书"宋丞相陆秀夫负帝沉此石下"。二人争辩不下，始终未刻成。

解放初，原凿字奇石被航道部门炸毁。1964年秋，新会县人委请田汉同志书写"宋少帝与丞相陆秀夫殉国于此"十三个行草大字，刻在近岸的奇石上，终于把这饶有纪念意义的碑石树起。

崖山之战在中国海战史上占有重要地位，文天祥、张世杰、陆秀夫等人抵抗异族侵略的抗元斗争是正义的，十多万余军民投海殉国，宁死不降，气壮山河，惊天地、泣鬼神。他们坚决殊死的斗争迫使蒙古统治者在一定程度上改变了对大汉民族的野蛮杀掠。

南宋虽然覆没，但输得是这样的悲壮，这样有节烈之气，勇士们面对外族入侵和压迫，拼死抵抗，为争取民族尊严、独立、生存而义无反顾、英勇献身，其大义烁古耀今、光耀千秋。

崖山精神——即中华民族之精神，春秋大义、鼓舞后人。

周总理曾说："崖山这个地方的历史古迹对中华民族来说，是有意义的。宋朝虽然灭亡了，但当时许多人继续坚持抗元斗争，这些爱国志士保持了大汉民族的气节。"

宋朝灭亡的同年底，不知是天谴还是报应，张弘范在大都即患重病，没几天，他就卧床不起。忽必烈心焦，派御医探诊，并诏令御林军为这位"能臣"守门，"止杂人毋扰其病"。

一日，病入膏肓的张弘范突然回光返照，淋浴后换上新衣，至中庭"面阙再拜"。

拜完之后退后堂，命下人准备酒宴，与亲友故交话别。杂事交待完毕之后，他拿出御赐的宝剑和铠甲，对其子张珪说："汝父以此立大功，汝佩之，勿忘为大元尽忠。"（见《元史·张弘范传》）汉贼做到这个份上真是无话可说。

忠心表演完毕后，张弘范"端坐而卒"，时年四十三。元朝廷赠谥，与其父张柔一样，谥号同为"忠武"。

延佑年间，元朝廷追封他为淮阳王，改谥献武。

张弘范崖山灭宋，杀人百万，屠夫行径的报应并没有因他暴亡而结束。张家三代虽为蒙元鹰犬，但是张弘范这一支系的后代的下场极为悲惨，满门皆被其效命的蒙古主子灭绝。

泰定帝崩后，元明宗、元文宗兄弟与天顺帝争位，两派支持者大打出手，上都诸王在紫荆关把大都诸王一派军队打得大败。

大都诸王军队撤退时候，肆意剽掠，张珪的儿子张景武也就是张弘范的孙子（当时张珪已死），为保定路的武昌万户，自恃自己是当地数世豪强和有三世尽忠大元的底气，率手下民兵手持大棒，打死数百溃退时抢劫剽掠的大都元兵，保家为乡。

如果上都诸位一派获胜，估计张景武肯定要得到大大的表彰。结果，大都诸王派最终获胜，王爷额森特率大军路过保定，冲进张家大院，把包括张景武在内的张弘范的五个孙子（皆是张珪之子）尽数抓住，酷刑处决，家产全部抢空。

然后，把张家女眷全部交与元军轮奸后杀死，张家唯一留下的活口，是张弘范的一个孙女，额森特见她貌美，奸污后纳为姜室。

这不是报应是什么？张家上至张柔下至张弘范和孙辈张

珪，三世皆为外族的鹰犬，最后换来是张弘范断子绝孙，这个下场除了可悲可怜之外，更是罪有应得。

崖山之役后，汉族整体被奴役，汉文明的发展与传承受到史无前例的打击和破坏。宋朝是中国历史上最接近现代管理模式的朝代。

中国文化最巅峰的时代，这些都随着宋的灭亡而凋零。宋以后，自信、开放、宽容的民族不见了，当年日本史学界也认为宋朝以后的朝代不再是华夏文明之正朔，乃至自以为是地认为，日本才是继承了华夏文化的正统。

汉文明在宋朝时候，领先世界，富有人文精神，科技发达，也具有抵抗精神，在蒙古横扫欧亚大陆后，独立支撑八十多年。

但是这八十多年的抗元斗争，最可怕的是消耗掉了大汉民族最精英的人群。崖山之后宋朝的户籍簿上3/4的汉人都被屠杀。当时汉人的社会精英要么隐居海外，要么投海自尽。蒙古军队占领中国北方时，其种族灭绝手段极为恶劣。几乎每个城市都有屠城记录。蒙古屠杀造成了中国北方人口大量减少，其程度令人触目惊心。

那些有血性、有骨气、有胆量、有才识的精英人群都被大量地消灭，中国作为一个完整的文化体系已经破碎，中华民族的精神意志脊梁可以不客气地说已被打断，中华精神已经灭绝。

在元朝，北方汉人是三等臣民，而南方汉人更是四等臣民。在蒙古人眼里汉人和牲口没什么区别，蒙古人统治下的汉人都是贱民和奴隶一样，汉人每二十家编为一"甲"，必须由蒙古人来做汉人的甲主。

蒙古人的吃喝花销都由这些人提供，不但汉人没有自由，甚至生活起居都受到蒙古人的监控。更甚者，汉人娶亲没有初夜权，新娘的初夜必须献给蒙古甲长。晚上一更以后，禁止汉人出行，禁止点灯，禁止活动，直到早上五更。

汉人每十户家庭共用一把菜刀，汉人不许骑马，不许习武，不许集会，不许用马来拉车和耕地，甚至禁止汉人买卖竹子，因为蒙古人害怕汉人用竹子做弓箭。

崖山海战之后，汉文明再也没有振作起来，国民社会的培育，新型商业经济的发展，以及科学技术的创新也都无从谈起，中华丧失了最好的发展机会。

旧有的纲纪、伦常、道德标准，不但全被打破了，金钱和暴力则是整个社会大众追求的目标。民众的道德水准因此迅速滑落，社会风气持续恶化，从元杂剧中我们可以看出，泼皮无赖，贪官污吏，地痞流氓成了剧中的主角。在元朝残暴的统治之下，整个中国社会逐步变成流氓化。

虽然百年之后汉人复国成功，但崛起的明朝还是受到蛮族很大影响，大开历史倒车，无视生命价值，抑制商业活动和贸易发展。汉人在遭遇北方游牧民族的重创后，开始变得保守，明代统治阶级相比较于宋朝统治者而言也更加残暴，此后的数百年，面对外侮，大多数的汉人的精神是麻木的、苟且的。

行文至此，我不禁想问一下，一个对中华民族造成无法挽回灾难的万古大汉贼，不但要拍摄纪念还要冠以民族英雄的头衔，汝意何为啊？

如果他是大英雄？那么文天祥、陆秀夫、张世杰、岳飞、韩世忠、梁红玉又算是什么？难道他们都是民族败类？

毛泽东同志说过，文天祥、陆秀夫、岳飞、韩世忠等人是中华民族的英雄，连周总理都认为崖山虽败，但坚持抗元斗争是保持住了中华民族的气节。

本文不想针对谁，只是想忠言逆耳一句，作为国内传播价值观念的中坚单位，当本着社会责任、历史责任、乃至民族责任，引导国民正确看待历史，正确理解历史，只有这样中国社会才真正有可能充满正能量，中国社会才能知道什么是善、什么是恶，什么是黑、什么是白。否则，如此下去国民将不能分辨正义和邪恶、美好和丑陋。这绝不是危言耸听，如不及时自省，将来说不定要出来一些汉奸当民族英雄呢。

最后让我们重温文天祥的《二月六日海上大战国事不济，孤臣天祥坐北舟中，向南恸哭，为之诗》。

《二月六日海上大战国事不济，孤臣天祥坐北舟中》

长平一坑四十万，秦人欢欣赵人怨。

大风扬沙水不流，为楚者乐为汉愁。

兵家胜负常不一，纷纷干戈何时毕。

必有天吏将明威，不嗜杀人能一之。

我生之初尚无疚，我生之后遭阳九。

厥角稽首并二州，正气扫地山河羞。

身为大臣义当死，城下师盟愧牛耳。

间关归国洗日光，白麻重宣不敢当。

出师三年劳且苦，只尺长安不得睹。

非无虓虎士如林，一日不戈为人擒。

楼船千艘下天角，两雄相遭争奋搏。

古来何代无战争，未有锋蝟交沧溟。

游兵日来复日往，相持一月为鹬蚌。

南人志欲扶昆仑，北人气欲黄河吞。

一朝天昏风雨恶，炮火雷飞箭星落。

谁雌谁雄顷刻分，流尸漂血洋水浑。

昨朝南船满崖海，今朝只有北船在。

昨夜两边桴鼓鸣，今朝船船鼾睡声。

北兵去家八千里，椎牛酾酒人人喜。

惟有孤臣雨泪垂，冥冥不敢向人啼。

六龙杳霭知何处，大海茫茫隔烟雾。

我欲借剑斩佞臣，黄金横带为何人。

人马图
元·赵孟頫
纸本设色（30*52厘米）
北京故宫博物院藏

赵孟頫（1254-1322），元代书画家、文学家。湖州（今属浙江）人。他力主变革南宋院体格调，遥追五代、北宋法度，开创了元代新画风。传世画迹有《重江叠嶂图》、《秋郊饮马图》等。此图为作者四十三岁时所作，其工笔重彩人物鞍马，取唐人风范，法度严谨，风格古朴。图中多用铁线描和游丝描，造型生动，体现出浓郁的唐代遗风。画中有乾隆皇帝御题诗及"乾隆宸翰"、"古稀天子"、"宜子孙"等收藏印章。

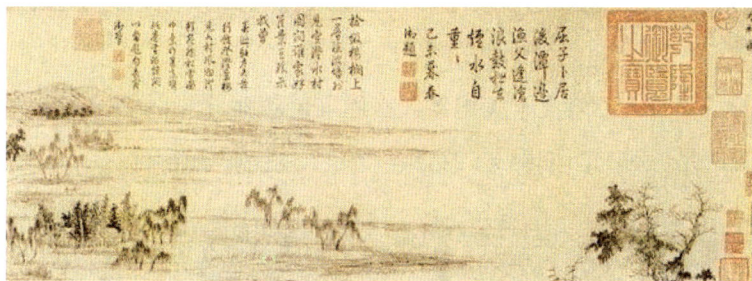

水村图
元·赵孟頫
纸本墨笔（24.9*120.5厘米）
北京故宫博物院藏

此图描绘江南水乡平远之景，平峦小村，疏柳丛草，渔舟出没。图中山峦用披麻皴，浓墨点苔。树木、芦苇繁简有别，笔墨潇洒秀润，意境清旷。画风学董源而又有创新。画上有乾隆皇帝题诗，并钤有"乾隆宸翰"等收藏玉玺。

江山情重美人轻、洗玉埋香总一人

中国人形容女子美艳动人必用沉鱼落雁、闭月羞花，因为这指的是古时的四位美女，西施、王昭君、貂蝉、杨玉环。

虽说这四位在其当时的审美标准中是属于美女一列，但中国历史上美艳的女子应该是不胜枚举，为什么是这四位美女名留青史？

无非是她们被历史裹胁着，进入到她们所生活的时代以及发生的重要事件里，并且，她们的结局都是香消玉殒。

其实沉鱼、落雁、闭月、羞花这四个词看似美好，但背后都有着凄惨的人生结局。

沉鱼

春秋战国时期，越国有一个叫西施的，是个浣纱的女子，五官端正，粉面桃花，相貌过人。她在河边浣纱时，清澈的河水映照她俊俏的身影，使她显得更加美丽，这时，鱼儿看见她的倒影，忘记了游水，渐渐地沉到河底。从此，西施这个"沉鱼"的代称，在附近流传开来。

西施名夷光，出生于越国旧都诸暨苎萝村西一个普通施姓农家，靠父亲卖柴、母亲浣纱为生。她家境贫寒但天生丽质，十几岁就被选中去吴宫，受命辱身报国，迷惑吴王夫差。西施在吴国共约14年，其间没有回过越国。按道理，勾践灭吴国之后，西施任务完成应该荣归故里，但西施再也没有回到自己的故乡。

无锡东面后宅镇的东边有一条河叫望虞河，乡人称蠡河，系吴国始祖泰伯开凿，后经范蠡大规模疏浚，是长江连接太湖的唯一干流。沿河向西南穿过东太湖可达浙江，其支流可直达灵岩山和阳山脚（南阳山，苏州阊门外40里）。

邻近后宅镇的望虞河其河面宽阔处人称三叹荡（现地图上标省滩荡）。三叹荡东南的水域叫王宫荡，王宫荡再向东北大约二里地的距离，有一湖叫漕湖（当地人称蠡湖）。漕湖和王宫荡之间的西侧滩上古代有西施庄。(唐陆光微《吴地记》曰：范蠡献西施于吴，故有是庄。)

西施起初是一名十四五岁普通的农家浣纱女，要去完成辱身报国的任务，一定需要提升才能和气质，学习琴、棋、书、画、歌舞、宫廷礼仪和吴语等，最好的办法就是去当地学习。

于是买通夫差身边的权臣伯嚭，说服夫差首肯后，范蠡在漕湖边亲自督建了这个庄院，后人称作西施庄。

范蠡（公元前536年—公元前448年），字少伯，华夏族，春秋时期楚国宛地三户（今河南淅川县滔河乡）人。春秋末著名的政治家、军事家、经济学家和道家学者。

(史料记载越女培训的地方共有两处，除西施庄外，另一处就是会稽城外的"美人宫"，越女培训共历时两年多，先在"美人宫"，后去西施庄，在西施庄的时间最长。)

范蠡建西施庄可谓一箭三雕：其一，建立培训越女用美色报仇雪耻的桥头堡。

其二，对外称是吴王夫差的行宫，制造假象向夫差示好，麻痹夫差，韬光养晦，积聚力量，为报仇争取时间。

其三，也是更深远的意图，可以打着营造吴王行宫的幌子，大规模疏浚望虞河和漕湖，为将来进攻吴国预先做军事准备。

十六年后就是这条蠡河成为越军攻吴的重要进兵通道，蠡湖则是当时越军锚泊战船和登陆的地方。

从古至今，关于西施的死，传说很多。但目前就作者所见最早的文字资料，是墨子的《亲士篇》，"西施之沈，其美也。""沈"和"沉"古文互通。

墨子生于公元前468年，死于公元前376年。墨子所处年代为吴亡(公元前473年)后不久的时间，所述应该比什么"和范蠡泛舟五湖"的传说来得更可信。

但是墨子只是告诉后人西施是沉水而死，并没有告诉后人西施是怎么沉的，是被沉还是自沉？还有沉在哪里？

墨子是战国著名思想家、政治家。春秋末战国初期鲁国人。

据《梅里志》记载：相传西子自沉于三叹荡，因范蠡望之三叹而得名，其西南的红豆树港口水中有西施墩。《梅里志》记载：西施墩，三叹荡红豆树港口芦墩是也。

个人认同西施自沉的可能性更大，因为思考分析后从西施的身世和她当时的心态判断，她应该是自杀。

因为西施只是诸暨苎萝村西一个普通农家女，父亲卖柴，母亲浣纱，家境必然贫寒。虽然身负辱身报国的任务，但西施毕竟在吴国生活了约14年，其间也没有回过越国。一日夫妻百日恩，在吴王夫差的百般宠爱下，西施对夫差即使没有真感情也有感动之情。更何况史载夫差相貌英俊，正值青春年少的西施没有理由讨厌吴王夫差，日久生情的可能性是很大的。

还有公元前473年，吴王夫差最后被范蠡指挥的越军围困在阳山上，因向越王求和不成而自刎身亡。但阳山被攻陷时，越军并没有发现西施。

奇怪的是，西施也没有主动去找越军，而是趁着夜色，在混

乱中自己设法逃离了现场，直径去的就是她沉水的三叹荡，而附近就是西施庄。

除了阳山离西施庄并不太远，道路她很熟悉之外，重要的是那里有她和夫差昔日美好的回忆。

离开阳山的西施，耳边一定萦绕回响着吴越两军激战时的喊杀声，战争惨烈的场面一定仍然浮现在她眼前，这是人正常的生理现象，毕竟战争的惨烈对人有着最强烈的刺激。

她来到了她所熟悉的西施庄，然而此时的西施庄早已没有了昔日的歌舞升平，迎接她的一定是死一般的寂静。往日里她前呼后拥，此时却形影相吊，心情毫无疑问是失落和悲凉。吴王夫差不在了，以后如何安身？

离开故乡十四年了，早已物是人非，作为吴王夫差宠爱的妃子，故乡人会怎样对她？相信那时西施一定是矛盾和绝望的，纵身跳入了冰凉的湖水，这或许是她认为的最好归宿吧。

光阴似箭，时光荏苒，两千多年在历史的长河中转瞬而逝，而西施这个平凡的农家女就静静地，长眠在那里年年流淌的湖水中。

平沙落雁

汉元帝在位期间，南北交兵，边界不得安静。汉元帝为安抚北匈奴，送昭君与单于结成姻缘，以保两国永远和好。

在一个秋高气爽的日子里，昭君告别了故土，登程北去。一路上，黄沙滚滚、马嘶雁鸣，冲击着她的心灵。悲切之感，使她心绪难平。她在坐骑之上，拨动琴弦弹奏起一曲《琵琶怨》，奏起悲凉的离别之音。南飞的大雁听到这凄婉悦耳的琴声，看到马上的这美艳动人的女子，忘记摆动翅膀，纷纷跌落于平沙之上。这就是王昭君"平沙落雁"雅称的由来。

王昭君出生于蜀郡秭归县（今湖北兴山县）的一户平民之家，汉元帝时，以民间女子的身份被选入掖庭，成了一名宫女。

据《西京杂记》记载，汉元帝因后宫女子众多，就叫画工画了像来，看图召见宠幸。宫人都贿赂画工，独王昭君不肯，所以她的像被画得最差，所以一直没有得到汉元帝的宠幸。

竟宁元年（公元前33年）正月，匈奴单于呼韩邪来朝，

王昭君出塞图

请求娶汉人为妻。元帝汉元帝就按图像选王昭君出塞，将昭君赐给了呼韩邪单于，并改元为竟宁。

单于非常高兴，上书表示愿意永保塞上边境。临行送别时，汉元帝发现昭君优雅大方，容貌最美，悔之不及。之后在汉元帝的彻查追究下，就把毛延寿、陈敞等许多

毛延寿，汉杜陵人。画人形，好丑老少，必得其真。

画工都杀掉泄愤。

建始二年（公元前31年），呼韩邪单于去世，大阏氏之子雕陶莫皋被立为复株累单于。

依照匈奴婚俗，父死，子可以娶后母，于是昭君被迫又嫁给了呼韩邪单于的儿子复株累单于。

（《后汉书》记载，呼韩邪单于死后，复株累单于想娶昭君为妻。昭君上书汉成帝，请求返回中原，成帝拒绝了她的请求，敕令昭君遵从匈奴习俗。）

这时是汉成帝鸿嘉元年（公元前20年），王昭君三十三岁，正是绚烂盛年之时，复株累单于去世。昭君与复株累单于共同生活了十一年，生有二女，长女名须卜居次，次女名当于居次，后来分别都嫁给了匈奴贵族。

糜胥继任为搜谐若鞮单于，她又被命嫁给新单于。糜胥继是复株累的长子，也就是呼韩邪的孙子（昭君辈分是糜胥的奶奶），如此不合人伦礼教的关系，终于使得王昭君彻底崩溃了，她无力也无法抗争，最后选择了服毒自尽。

在这里，我们额外探讨一下，关于王昭君姓名之存疑。

王昭君以民女被征入宫，身份只是宫女。《汉书》第一次提到王昭君时，称其为"王樯"。樯，指的是船桅杆。王樯的意思是一位船载而来的王姓姑娘。

《汉书》说"王樯字昭君"，《后汉书》却说"昭君字嫱"，从史料的冲突推断，"昭君"一称很可能是封号而非字。

王昭君在和亲前地位只是宫女，不是皇室支系，不能封为公主，而和亲必须要有一定的身份，于是便只能按她具有"光明汉宫"的美丽和代表汉皇光照匈奴的政治使命赐封为"昭君"。

昭：日明也，"昭君"的意思是，汉皇光照匈奴。"王昭君"的含义则为代表汉家君王光临匈奴的王姓姑娘，这称呼应该是昭君出塞前夕被赐的封号。

"宁胡阏氏"与"王昭君"一样，皆为政治含义丰富的称号，都是在和亲这件政治大事中，双方君王政治意图的反应。也是对和亲能取得良好政治成果的祝愿。不然汉元帝为何因此事而改元为"竟宁"。这是透露出汉元帝对和亲的政治愿望。

关于王昭君的史料非常少，除姓王可以确定外，她的名、字都应属不详，很可能是本来就没有。

后世因其政治封号才习称她为"王昭君"，在新的证据出现之前，只能根据以上推论猜测。

闭月

《三国演义》中记载：三国时汉献帝的大臣司徒王允的女儿貂蝉在后花园拜月时，忽然轻风吹来一块浮云将那皎洁的明月遮住。

这时正好被王允瞧见，王允为宣扬他的女儿长得如何漂亮，逢人便说，我的女儿和月亮比美，月亮比不过，赶紧躲在云彩后面。

因此，貂蝉也就被后世之人称为"闭月"。

其实貂蝉最早出现于《三国志平话》中，貂蝉向王允自诉是关西临洮人氏（临洮，古又称狄道，兰州南大门，自古为西北名邑、陇

右重镇、古丝绸之路要道，是黄河上游古文化发祥地之一）。

貂蝉只是她的小名，本姓任，是吕布的元配妻子，两人在家乡失散后流落一方，沦为王允的婢女。

王允得知其身世后心生一计，设家宴款待太师董卓，让貂蝉与董卓见面。王允又设宴招待吕布赴会，让他与元配妻子相会，并承诺改日让他们正式团聚。

董卓 字仲颖
此图选自三国演义之
董卓进京

之后王允又送貂蝉到董卓家，董卓误以为是王允献给自己的礼物，喜出望外，当晚便共赴云雨之好。吕

董卓，字仲颖，陇西临洮人。东汉末年少帝、献帝时权臣，凉州军阀。

布得知董卓的行为后，勃然大怒，提剑入堂杀死醉倒的董卓。

但在正史《后汉书》中，从未提及貂蝉之名。仅以很短的篇幅记录董吕之间的私人恩怨。当年董卓曾为小事要怒杀吕布，被吕布敏捷地躲过，后来两人又重修于好。

吕布，字奉先，东汉末年名将，汉末群雄之一。

董卓又派吕布去看守自己的内宅，不料吕布竟乘主人不在，与董卓的贴身婢女暗中苟且。因畏惧奸情被董卓发现，吕布求见王允，和盘托出与董卓不和的真相，指望得到他的援助，结果反过来被王允所利用，指使他将赴宫廷开会的董卓，一举袭杀。

这里出现的婢女，很有可能就是貂蝉原型本人，但在正史中她是相国董卓的婢妾，与司徒王允并无干系。

　　三国演义的作者，罗贯中，曾经耗费大量笔墨渲染貂蝉义举，但是对貂蝉"长安兵变"之后的描述，始终着墨不多。

　　罗贯中在三国演义中，最后一次提到貂蝉时，是跟吕布一起在白门楼被曹操围困，后来吕布兵败身死后，就没有关于貂蝉任何的记述了。

　　也正因为如此，后世一些文人骚客仍在孜孜不倦地追寻她的下落。继而，恣意妄为地虚构故事，以致貂蝉的结局形成了"惨死"还是"善终"两大类型，也由此导致了今天历史学家的争论。

　　我对是否有貂蝉这个人不作定论，对貂蝉的结局是"惨死"还"善终"也不作定论。但我绝不以一部元末明初的演义小说，来作为讨论历史的依据，因为这是无聊和滑稽的。

杨玉羞花

　　民间传说杨玉环初入宫时，因见不到君王而终日愁眉不展。有一次，她和宫女们一起到宫苑赏花，无意中碰着了一株花草，草的叶子立即卷了起来。宫女们都说这是杨玉环的美貌，使得花草自惭形秽，羞得抬不起头来。唐玄宗听说宫中有个"羞花的美人"，立即召见，封为贵妃。从此以后"羞花"也就成了杨贵妃的雅称了。

　　如果真是如此，她碰到的也只是"含羞草"。这种花草是一种小巧玲珑的花卉，它的复叶酷似芙蓉枝，点点对称，宛如鸟羽。植株上缀以数朵淡红色的小花，状若杨梅。

人们用手触碰，羽状小叶便会很快闭合，叶柄也慢慢垂下，就好像初涉人世的少女，因为纯洁和朴实，才那样忸怩、娇羞，所以人们都叫它"含羞草"。

其实这一定是个伪造而不是虚构的故事，为什么说是伪造？因为要掩盖真相，一个丑陋的真相。

杨玉环（公元719年—公元756年），号太真。姿质丰艳，善歌舞，通音律，为唐代宫廷音乐家、舞蹈家。其音乐才华在历代后妃中鲜见，被后世誉为中国古代四大美女之一。

根据《旧唐书》《新唐书》《资治通鉴》等正史记载，杨玉环为唐玄宗的儿子寿王李瑁的王妃，唐玄宗卑鄙地利用手中的皇权从自己儿子手中把媳妇给抢了过来。

开元二十二年七月，李瑁与杨玉环一见钟情，在武惠妃（李瑁之母）的再三请求下，唐玄宗下诏册立杨玉环为寿王妃，婚后，两人甜美异常，而这时唐玄宗并没有见到杨玉环。

五年之后，唐玄宗才看见了杨玉环，并且一见之下便被杨玉环的姿色深深迷住了，而这时她已经嫁给自己儿子李瑁差不多五年了。

但唐玄宗已经不管这么多了，他仔细地设计了一番。先是打着孝顺的旗号，要为自己的母亲窦太后荐

唐玄宗李隆基，712年至756年在位。唐朝在位最久的皇帝，唐睿宗李旦第三子，母为窦德妃。

福，便下诏令杨玉环出家做道士，并赐道号"太真"，并下令杨玉环搬出了寿王府，住进了太真宫。

然后，他又将大臣韦昭训的女儿许配给寿王李瑁，并册立为妃，以此来安抚寿王。

五年之后，杨玉环守戒期满，唐玄宗便下诏让杨玉环还俗，并接入宫中，册封为贵妃。唐玄宗正式霸占了自己的儿媳杨玉环。

这件事情给寿王李瑁带来了深重的伤害和耻辱，但抢走爱妃的是当今皇上、自己的父亲，李瑁只能敢怒不敢言。

对此，唐朝诗人李商隐曾在诗歌《骊山有感·咏杨妃》中写道："骊岫飞泉泛暖香，九龙呵护玉莲房，平明每幸长生殿，不从金舆惟寿王。"此诗说明了当时唐玄宗抢走儿媳妇后，寿王李瑁的郁闷和唐玄宗的无耻。

然而杨玉环实在是太漂亮了，唐玄宗为了得到她，一切都不顾了，由此也可见杨贵妃的迷人之处。另外，唐朝是中国历史上少有的开放朝代，采取了兼容并包的文化政策，各种外来风俗在大唐落地开花，封建伦理等级制度得到弱化，因此唐玄宗这样做并没有引来太大的反对。

但抢夺儿子王妃毕竟不是件光彩的事情，寿王李瑁虽然表面不敢说，暗地里肯定是耿耿于怀的。唐玄宗极其宠爱杨贵妃，将所有的恩惠都施加到她身上，连她的亲戚朋友都提拔为重要官员，由朝廷俸禄包养起来，以至于民间有了"遂令天下父母心，不重生男重生女"的风气，虽然唐玄宗对其宠爱至极，但为什么唐玄宗一直不肯加封她为皇后呢？

一则，从儿子手中抢来贵妃这样的事情毕竟有违伦理，虽然其时风俗开化，但伦理常情的主体还是存在的，让这么得来的妇人做了皇后显然无法"母仪天下"。

二则，如果封杨玉环为皇后，势必将寿王李瑁心中压抑的怒气激发出来，到时候发生政变也是很有可能的。

三则，杨贵妃得宠后鸡犬升天，她的兄妹亲戚都得到了朝廷的重用，已经发展成一股庞大的政治力量，如果再封她为皇后，必将引起大臣的反对和权力的倾斜，这对维护稳定是很不利的，所以唐玄宗一直没有封杨贵妃为皇后。

杨玉环这个名字，《旧唐书》与《新唐书》里并没有记载，《资治通鉴》里也没有明确记载。

《长恨歌传》只说她是"杨玄琰女"。唐大中九年（公元855年），也就是杨贵妃死后大约100年。郑处诲编撰的《明皇杂录》里才第一次提及："杨贵妃小字玉环"，后人沿用至今。

杨贵妃的"玉奴"、"玉娘"、"玉环"这三个名字是真实存在的，其中的奴、娘、环三个字的用语都是不同时期对杨贵妃名字的一种衬托。玉奴，是她儿时的爱称。

《明皇杂录》，古代中国史料笔记。共三卷，郑处诲撰，成书于唐大中九年(855年)。

玉娘，是她册封前的尊称。玉环则是她册封贵妃后的尊称。中国有句成语"环肥燕瘦"，环肥指的就是杨贵妃，燕瘦指的是赵飞燕，杨贵妃的真实姓名应该就叫做"杨玉"。

杨玉善歌舞，通音律，为唐代宫廷音乐家、舞蹈家，其音乐才华在历代后妃中鲜见。

史书上记载她虽然体态丰腴，但她是一位舞蹈高手，还精通

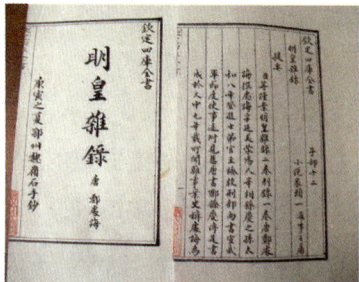

胡旋舞,身段飘摇,翻跃如风,令人眼花缭乱。

杨贵妃不仅善歌舞,通音律,文学功底也是让人侧目,《全唐诗》收有她的《赠张云容舞》一首(现附如下):

> 罗袖动香香不已,红蕖袅袅秋烟里。
> 轻云岭上乍摇风,嫩柳池边初拂水。

杨玉自入宫以后,凭借自己的妩媚温顺及过人的音乐和诗歌才华,受到唐玄宗的百般宠爱,也曾因生妒而触怒唐玄宗,以致两次被送出宫,但最终唐玄宗还是不忍割舍。

唐玄宗对杨玉的宠爱是达到了极致,唐代杜牧曾有诗云:

> 长安回望绣成堆,山顶千门次第开。
> 一骑红尘妃子笑,无人知是荔枝来。

唐玄宗为投杨贵妃之好,下令各地驿站,快速转运闽、广荔枝进贡长安,耗去多少人力财力,仅为杨贵妃一人欢娱快乐。

唐朝人以丰腴为美,杨玉环则"凝脂胭华",连脂肪都开始凝集,像胭脂一样散发着华丽的色彩,这或许也是需要一定功力的。

天宝十四载(公元755年),范阳、平卢、河东三镇节度使安禄山以清君侧,反杨国忠为名起兵叛乱,兵锋直指长安(史称安史之乱）。

次年，唐玄宗带着杨贵妃与杨国忠逃往蜀中（今四川成都），途经马嵬驿（今陕西兴平市西）时，陈玄礼为首的随驾禁军军士，一致要求处死杨国忠，随即哗变，乱刀砍死了杨国忠。

唐玄宗言国忠乱朝当诛，然贵妃无罪，本欲赦免，无奈禁军士兵皆认为贵妃乃祸国红颜，安史之乱乃因贵妃而起，不诛难慰军心、难振士气，继续包围皇帝。

唐玄宗接受高力士的劝言，为求自保，不得已之下，赐死了杨贵妃。最终杨贵妃被赐白绫一条，缢死在佛堂的梨树下，时年三十八岁，这就是白居易的《长恨歌》中的"六军不发无奈何，宛转蛾眉马前死"之典故。

唐玄宗在安史之乱平定后回宫，曾派人去寻找杨贵妃的遗体，但未寻得，由此后人传说贵妃没死。但《新唐书》中的记载与《旧唐书》大致相同，由此可见杨贵妃确实死于马嵬坡。

关于杨贵妃不但没有死，而且还东渡到了日本，这只是后世好事之人的臆测而已，不足为凭。

中国四大美女无一有善终，想来也真是让人唏嘘不已，只能借用袁枚的一首诗以表唏嘘之情，虽是写杨贵妃的，但这四人的结局和身不由己却是如出一辙，她们没有一个不是被自己所处的时代所裹胁，她们无力抗争也无法抗争，所以就用这一首诗一起凭吊这四大美人吧。

《题杨贵妃》

空忆长生殿上盟，江山情重美人轻。

华清池水马嵬土，洗玉埋香总一人。

木棉图
明·孙艾
纸本淡设色（75.4*31.5厘米）
北京故宫博物院藏

孙艾，江苏常熟人，工绘事。山水宗黄公望、王蒙，花卉学钱选。传世作品有《木棉图》、《蚕桑图》。此幅以没骨法画木棉花一枝，枝干劲挺，花苞开放，叶以花青画成，浓色为面，淡色为背，笔法秀逸，有元代钱选之风格。画上有沈周题诗一首。

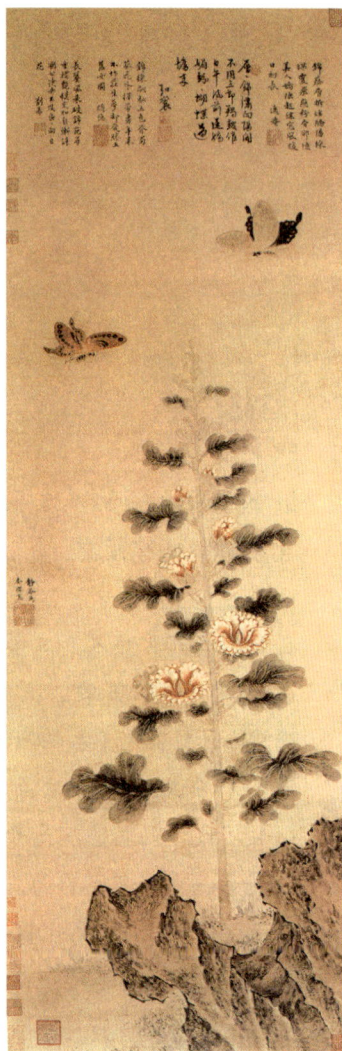

葵石蛱蝶图
明·戴进
纸本设色（115*39.6厘米）
北京故宫博物院藏

此图画蜀葵一枝，枝叶上方飞二
蛱蝶，构图稳重饱满，蛱蝶和蜀
葵以细腻精微的笔法刻画，而以
小斧劈画石，后施赭墨，显得坚
硬厚实，与花形成对比，在画面
效果上直追宋人风格。

冰姿倩影图
明·文徵明
纸本墨笔（76.9*24.5厘米）
南京博物馆藏

作为吴门画派的领导者，文徵明
善取前人之长，承接文人画"衣
钵"，不仅在山水画领域成就卓
著，画人物、花卉也别有风味，其
所作墨兰，潇洒飘逸，时称"文
兰"。此图绘一株老梅，花朵不
多，但枝干道劲，高雅脱俗。画上
有乾隆皇帝草书题诗一首，并钤有
"三希堂精鉴玺"、"乾隆御览之
宝"等帝王收藏玉玺印记。

杏花锦鸡图

明·周之冕

绢本设色（157.8*83.4厘米）

苏州市博物馆藏

周之冕，长洲（今苏州）人。其写意花鸟最有神韵，设色鲜丽，自成一家。此图体现了画家描绘飞禽和花卉的本领。画家善于写生，笔墨工细秀逸，色彩浓郁绚丽，令人神怡。

曾经沧海难为水，可怜天下痴情人

《离思》

曾经沧海难为水，
除却巫山不是云。
取次花丛懒回顾，
半缘修道半缘君。

"曾经沧海难为水，除却巫山不是云"，一千多年来，这句诗已不知被多少人奉为追忆情怀的经典之句。

凡吟读此句之人，相信无不感叹这是一个怎样痴情专一、懂得情感之人，才能写出这样荡气回肠的千古名句啊，被这样的人所爱恋着一定是幸福的。

果真如此？让我们先从作者是谁入手，然后依据史料人物志所记载的真实情况，来解答这个疑问。

这首诗的作者是唐朝历史上著名诗人：元稹（公元779年—831年），字微之。河南府人（今河南洛阳），北魏昭成帝拓跋什翼犍十世孙，父元宽，母郑氏。

元稹，年少即有才名，与白居易同科及第，并结为终生诗友，二人共同倡导新乐府运动，世称"元白"，诗作号为"元和体"。

元稹自幼家境贫寒，（他自己也在《同州刺史谢上表》中曰："臣八岁丧

父，家贫无业，母兄乞丐以供资养，衣不布体，食不充肠。"）但元稹幼时聪明机智过人，弱冠之后即有才名，与白居易同科及第，并结为终生诗友，二人共同倡导新乐府运动，世称"元白"，诗作号为"元和体"。

唐贞元十五年（公元799年），元稹到蒲州（今山西永济市）任小职，与其母系远房表妹崔双文恋爱（即后来传奇小说《莺莺传》中的崔莺莺原型）。

崔双文才貌双全，而且家中富有，但毕竟没有权势，这与元稹想要的婚姻存在很大的差距。

根据唐代的举士制度，士之及第者还需要经过吏部考试才能正式任命官职，所以元稹于贞元十六年（公元800年）再赴京应试。

贞元十九年（公元803年），元稹自赴京应试以后，以其文才卓著，被新任京兆尹韦夏卿所赏识，所以得以与韦门子弟交游，从而得知韦夏卿之女韦丛尚未许配与人，求官心切的元稹考虑到崔双文虽然才貌双全，但对他的仕途进取没有多大帮助，所以权衡得失，最后还是弃崔双文而娶了韦丛。

不知是否因攀上韦夏卿，元稹与白居易同登书判拔萃科，进入秘书省任校书郎。

韦丛，字茂之，韦夏卿嫡出季女。贞元十八年（802）嫁给元稹。

或许是良心不安，也或许是对初恋情人崔双文的难以忘怀，不管是什么原因，多年以后，元稹以自己的初恋为原型，创作了传奇小说《莺莺传》，即后来《西厢记》的前身。

在《莺莺传》里的张生其实就是元稹，张生为元稹自寓。

元稹开篇这样写道："唐贞元中，有张生者，性温茂，美风容。"张生游于蒲时，在军人骚乱抢掠中保护了寡母弱女的崔姓表亲，由此识得表妹崔莺莺。

崔莺莺"垂鬟接黛，双脸销红"，"颜色艳异，光辉动人"，让张生顿生爱慕。后来，在莺莺丫环红娘的帮助下，张生与莺莺私会西厢下，成了云雨。自此之后，莺莺"朝隐而出，暮隐而入"，与张生私会。

元稹在文学上的成就是毋庸置疑的，但是元稹的多情也是不可辩驳的。如果盘点一下元稹的那些女人们，阵容还是很强大的。

大家闺秀崔双文、京兆尹韦夏卿的女儿韦丛、青楼诗人薛涛、江南名妓刘采春、深闺淑女安仙嫔、温良端丽裴淑、白居易的小妾玲珑（这些只是有据可寻的）。

"曾经沧海难为水，除却巫山不是云"真不知哪一个才是他的沧海？或许以上所有的女子都是元稹的沧海吧。

贞元十五年（公元799年）冬，因为母亲的远房亲戚躲避战乱，元稹遇上了才貌双全的崔双文，少女情怀总是诗，在元稹海誓山盟的誓言中，这个纯真的少女认定了，元稹就是她一生的归宿，全身心都投入到这场爱情中。

然而元稹进京赶考，长亭送别之后苦苦等待，等来的结果却是元稹迎娶韦夏卿女儿韦丛的消息。

也许元稹有"难言之隐"，但攀龙附凤的男人，绝不会视爱情为生命，功名前程、荣华富贵才是他一生的追求。

韦丛（字蕙丛），京兆尹韦夏卿的掌上明珠。元稹生命中第二个沧海。老泰山韦夏卿官居京兆尹，京兆尹是个什么官职？

京兆尹是中国古代官名，为三辅之一，相当于今日首都的市长（治理京畿重地的三个官职，京兆尹、左冯翊、右扶风）。

用现在的话讲，韦蕙丛是标准的官二代，元稹与韦蕙丛结婚时，正是元稹科举落榜，最为失落的时候，但韦夏卿很赏识元稹的才华，相信元稹大有前途，所以把女儿许配给了他。

据韩愈《监察御史元君妻京兆韦氏墓志铭》云："选婿得今御史河南元稹。祺时始以选校书秘书省中。"元稹授校书郎后不久便娶韦丛为妻。十月，岳父韦夏卿授东都留守，赴洛阳上任，由于韦丛是"谢公最小偏怜女"，割舍不下，于是元稹夫妇一同侍从韦夏卿赴洛阳。元稹在洛阳没有住宅，元稹夫妇就住在东都履信坊韦宅。

婚后两人感情亲密，相亲相爱。韦蕙丛聪明贤淑，端庄贤惠，不好富贵，不慕虚荣，任劳任怨。就算如此，韦蕙丛依旧是元稹走上仕途的一块坚实跳板，而且也没有让元稹停止寻找沧海。

唐宪宗元和四年（公元809年）七月九日，韦丛因病去世，年仅二十七岁。此时三十一岁的元稹已升任监察御史。韦丛营葬之时，据说元稹因自己身萦监察御史分务东台的事务，无法亲自前往，便事先写了 篇情词痛切的祭文，托人在韦丛灵前代读。

到了下葬那天，元稹仍不能亲往，于是又写了三首悼亡诗，这就是最负盛名的《三遣悲怀》（即《遣悲怀三首》）。

遣悲怀三首

一

谢公最小偏怜女，自嫁黔娄百事乖。
顾我无衣搜荩箧，泥他沽酒拔金钗。
野蔬充膳甘长藿，落叶添薪仰古槐。
今日俸钱过十万，与君营奠复营斋。

二

昔日戏言身后意，今朝都到眼前来。
衣裳已施行看尽，针线犹存未忍开。
尚想旧情怜婢仆，也曾因梦送钱财。
诚知此恨人人有，贫贱夫妻百事哀。

三

闲坐悲君亦自悲，百年都是几多时。
邓攸无子寻知命，潘岳悼亡犹费词。
同穴窅冥何所望，他生缘会更难期。
惟将终夜长开眼，报答平生未展眉。

　　诗中元稹表达了对妻子有很深切的思念和无法释怀的悲伤，还说韦丛与他在一起同苦了七年，却在他即将飞黄腾达的时候离开了他，而他现在能做的只有祭奠亡故的爱妻了。

　　非我小人之心，元稹所谓的《三遣悲怀》绝对是满纸虚伪，为什么？

唐宪宗元和四年（公元809年）三月，当时正如日中天的诗人元稹，以监察御史的身份，奉命出使地方。他久闻蜀中诗人薛涛的芳名，所以到蜀地后，特地约她在梓州相见。

这个时间应该是他的爱妻躺在病榻上病入膏肓苦苦思念自己丈夫的时候吧。而元稹竟然还有心情，特地约见名妓薛涛，真不知元稹当时是出于何种心态。

薛涛是唐代著名的女诗人，虽然身为乐伎，但心比天高，她才貌过人，不但聪慧工诗，而且富有政治头脑。与元稹一见面，薛涛就被元稹这位三十一岁的诗人俊朗的外貌和出色的才情所吸引了。

薛涛即便风韵绰约，但她当时的年龄是四十二岁，大了元稹十一岁。两人每每议诗论政后便云雨情深（此时他口中和笔下的爱妻正在和死神苦苦抗争）。

元稹在薛涛的鼓励和支持下，参劾了东川节度使严砺，为此得罪权贵，被调离四川任职洛阳。从此两人劳燕分飞，关山永隔。

薛涛十分伤心和无奈。令她欣慰的是，很快她也收到了元稹寄来的书信，一样的深情一样的思念。

两情远隔，各诉离伤，此时能够寄托她相思之情的，唯有一首首诗了。所以薛涛迷上了写诗的信笺，她喜欢写四言绝句，律诗也常常只写八句，因此经常嫌平时写诗的纸幅太大。于是她对当地造纸的工艺加以改造，将纸染成桃红色，裁成精巧窄笺，特别适合书写情诗，人称薛涛笺（她制作的"薛涛笺"一直流传到至今）。

薛涛明知元稹才子多情也花心，而且两人年龄悬殊，但薛涛对他的思念还是刻骨铭心。她把对元稹的朝思暮想，满怀的幽怨与渴盼，汇聚成了流传千古的名诗《春望词》。

《春望词四首》

花开不同赏，花落不同悲。

欲问相思处，花开花落时。

揽草结同心，将以遗知音。

春愁正断绝，春鸟复哀吟。

风花日将老，佳期犹渺渺。

不结同心人，空结同心草。

那堪花满枝，翻作两相思。

玉箸垂朝镜，春风知不知。

此时的元稹怎么可能为了一个比自己大十一岁的风尘女子，而不顾一切呢？三十一岁的元稹正是男人的风华岁月，另外更重要的是，薛涛乐籍出身，只会对元稹的仕途带来影响。

薛涛从此脱下了她极为喜爱的红裙，换上了一袭灰色的道袍，她的人生从炽烈走向了淡然，浣花溪旁仍然车马喧嚣，人来人往，但她的内心却坚守着对元稹真挚的爱情。

在元稹和薛涛鱼雁问答、各诉离伤之时。这个时期的元稹同时还写过一些悼念亡妻的诗，而且是感人肺腑的那种，这到底是真情缅怀还是为了安抚老丈人？这就不得而知了，虽然亡妻不在，但毕竟韦丛的父亲韦夏卿还在。

元稹到达江陵，虽在政治上受到了挫折，但在贬所并不寂寞。元稹的老朋友李景俭（曾是韦夏卿的部下）、张季友、王文仲等也在江陵府任职，于是一起诗文赠答，宴饮出游，女乐相随。

李景俭遗憾元稹的元配夫人韦丛不幸病逝，见元稹生活无人照顾，就在元和六年（公元811年）春末夏初（一说寒食节），将表妹安仙嫔嫁与他作侧室，成就了元稹的第二次婚姻。

元稹后来在《葬安氏志》中曰："始辛卯岁，予友致用悯予愁，为予卜姓而受之。"从这时开始，元稹悼亡韦丛的诗基本停写，将他所谓的爱情转注于安仙嫔。没过几年，安仙嫔在江陵府给元稹留下一个孩子后，乘仙鹤飞逝了。

三十六岁时，元稹得到上司山南西道节度使权德舆（相当于今省长）垂青。

权德舆（公元759年—818年），字载之，天水略阳（今甘肃省秦安县东北）人。曾任监察御史，太常博士、知制诰等职，宪宗时拜相，后出为山南西道节度使。权德舆不仅是唐代封相的著名政治家，而且是大名鼎鼎的诗人。

权德舆，字载之，天水略阳人。唐代文学家、宰相，名士权皋之子。

元稹能得此政治上的良师和文学上的益友，那真是祖上积德。所以元稹任通州司马期间（公元815年10月—817年5月），都是以治病、养病为名请假到兴元府的。

到兴元府不久，他又抓住了机会。新任山南西道涪州（今重庆市涪陵区）刺史裴郧带着女儿裴淑(字柔之)由长安赴任，先到兴元府权德舆处报到，欢迎宴会期间，元稹和裴淑一见钟情。

元和十一年春（公元816年）元稹"梅花三弄"，他的第三次婚姻开始了。通过权德舆做媒，37岁的元稹请假赴涪州，与裴淑结婚。

元稹在兴元府"乐不思蜀"，直到他同裴淑的孩子元樊满了三个月后才动身返回通州。回到通州衙门，时间已经是公元817年8月间了。元和十三年（公元818年）冬，元稹被任为虢州长史。

裴淑虽然比安仙嫔晚进门，但裴淑是元稹的正室，安仙嫔是元稹的侧室。裴淑主要生活在唐顺宗永贞至文宗大和（公元805年—835年）年间，比元稹晚去世。

长庆三年（823年），元稹改任越州刺史兼浙东观察使。这时，元稹与薛涛分别已经十年了，已过不惑之年的元稹忽发奇想，颇有意想把多年未见的薛涛接过来"叙旧"。

可是他又遇见了浙东名妓刘采春。刘采春，淮甸（今江苏淮安一带）人，一说越州（今浙江绍兴）人，伶工周季崇之妻，当年约三十多岁，风姿绰约，正随着其夫（主要演参军戏）在浙东演出。

刘采春擅长唱歌，不但高歌声彻云霄，而且余音绕梁不绝，真有"半入江风半入云"之趣。

元稹立刻被刘采春迷住了，自然薛涛也被抛在了脑后。他开始与刘采春频繁交往，并又开始作诗赠给刘采春。

刘采春在当时（特别是江淮、吴越地区）是一名很有影响的女艺人。刘采春的诗咏，虽不及薛涛，然而容华绝世，光彩照人，也是能诗善赋，多才多艺的一代歌伎。

元稹与刘采春如胶似漆，元稹曾曰："她诗才虽不如涛，但容貌佚丽，非涛所能

刘采春，女，淮甸（今江苏省淮安、淮阴一带）人，是伶工周季崇的妻子

比也。"

元稹在越州待了七年，但是随着元稹越州刺史离任，元稹又一次恋恋不舍地与他的沧海刘采春分手了。

在绍兴任上，元稹和当时在杭州的白居易除了互相写诗风花雪月之外，还志同道合地互相交换歌伎。

杭州有个叫玲珑的歌伎，很得白居易赏识，被白居易纳为小妾。元稹听说后，就向白居易借玲珑，白居易家中小妾甚多无所谓，元稹亵玩了一个多月后才依依不舍地还了回去，二人竟然还各自分别为玲珑写诗作为纪念。看来"元白"还真是恰如其分。

元稹一边偎红倚翠，一边悼念亡妻，一边初恋怀旧，一边又觅新欢，曾经沧海难为水的他，到底谁才是他的沧海？我并不感兴趣，我只是奇怪如此这般之人，为何现在的文史学者却如此的推崇元稹，更有学者认为元稹是至情至真之人，如果从见异思迁的角度来看的话，我只好同意这所谓的至真吧。

沽名钓誉的白居易

白居易（772年—846年），字乐天，号香山居士，又号醉吟先生，祖籍太原，其曾祖父时迁居下邽，生于河南新郑。

现代对白居易的评价是唐代伟大的现实主义诗人，同情贫下阶层的人民，是唐代三大诗人之一。白居易与元稹共同倡导新乐府运动，世称"元白"，与刘禹锡并称"刘白"。

本文用"沽名钓誉"这四个字作为开篇标题，一定是有争论和非议的。接下来要说的就是为什么使用这四个字作为标题的原因，看完之后相信你们自有见解。

白居易，代表诗作有《长恨歌》、《卖炭翁》、《琵琶行》等。

在唐代，官吏狎妓甚至已经到了制度化的地步。官吏到职交接班，交割各种档案物资这不足为奇，但是妓女作为交割内容对于现在的我们来说是匪夷所思的。

前任由于带不走所宠爱的妓女而恋恋不舍，常以此引为憾事，后任则欣然接受，只是感叹没有接收到更好的。

官场尚且如此，那么豢养家妓，必然成了盛唐的风俗。岐王每到冬寒手冷，从来都懒得取火，把手伸到漂亮的家妓怀中摩挲取暖，称之为暖手。申王每到冬天风雪苦寒，就让家妓密密地围坐在旁边，以御寒气，称之为妓围。李升大司空有钱，吃饭不

用桌子，就让家妓每人托一个盘子团团地站在旁边，称之为肉台盘。说起来，那时候的家妓可真不容易，既要充当侍妾，要充当歌舞伎，又要充当丫环，而且，这事关社交。

家妓的数量、质量、技艺往往还是主人的地位尊严、经济实力、品味高雅的一种体现。

白居易是唐代官员中狎妓最有名的。他豢养很多妓女，从杭州带着妓女回洛阳，玩腻了又把人家遣送回去，来来回回全不当一回事。不但如此，还和好兄弟元稹资源共享，互相交换狎玩、互相交流心得，真让人觉得……

白居易，官至四品刑部侍郎，按规定家里只能安置三名乐师，但实际上他家里的美艳歌姬多达上百人，白居易还作诗炫耀：

> 菱角执笙簧，谷儿抹琵琶。
> 红绡信手舞，紫绡随意歌。

（白居易此诗写的就是四个他宠爱的歌妓。）

樊素、小蛮，是白居易豢养的两个小妾的妾名，这二人是白居易众多侍妾中必须要提到的，何故？因为现在形容美女必有七个字：樱桃小口、小蛮腰，就是源自这二人。

白居易曾有诗云："樱桃樊素口，杨柳小蛮腰。"（唐孟棨《木事诗·事感》："白尚书（居易）姬人樊素善歌，妓人小蛮善舞，尝为诗曰：樱桃樊素口，杨柳小蛮腰。"美姬樊素的嘴小巧鲜艳，如同樱桃；小蛮的腰柔弱纤细如同杨柳。）

白居易豢养在家中的丫鬟、歌女、礼仪全都是妙龄美女，除了樊素、小蛮以外，专管吹拉弹唱的就有上百人（在当时的上层社会,歌姬的数量、品行教养、琴艺水平决定着主人家的社会地位、经济实力)。

因此,白居易经常写诗夸耀自己家的美女们如何如何,炫耀自己艳福真是深厚(其实就是类似于现在的炫富)。

白居易毫不避讳地炫耀说,他家里的歌姬都是每三年一换。每过三年,歌姬老了就换一些更加年轻漂亮的姑娘。

白居易在他《追欢偶作》中这样写道:"十载春啼变莺舌,三嫌老丑换蛾眉。"诗中的大意是:我家里养的家伎,每过三年多,我就嫌她们老了丑了,又换一批年轻的进来,经常换新鲜货色,十年间换了三次了。

白居易以此自炫。这时的白居易已是垂垂暮年,而樊素、小蛮,不过十八九,年方激滟。

看到这里,必有好事之人会言,自古才子皆风流,白居易作为诗王,风流好色又如何?对于这点我不做定论,每个人都有选择自己生活方式的权利,但若提到"诗王"二字,我觉得白居易当之无愧,毕竟能用诗让人死,放眼古今中外能有几人?

这是怎么回事?用诗杀人?这是玩笑吗?不,这绝不是玩笑!

唐宪宗元和年间,白居易当时只是官居校书郎,一次远游来到徐州,素来敬慕白居易诗才的张愔邀他到府中,设盛宴殷勤款待。关盼盼对这位大诗人也心仪已久,对白居易的到来十分欢喜,宴席上频频执壶为他敬酒。

酒酣之时,张愔让盼盼为客人表演歌舞,想借机展露一番自己爱妾的才艺。关盼盼欣然领命,十分卖力地表演了自己拿手的"长恨歌"和"霓裳羽衣舞"。

借着酒力几分,盼盼的表演十分成功,歌喉和舞技都到了出神入化的地步。白居易见了大为赞叹，仿佛当年能歌善舞的倾国美人杨玉环又展现在眼前，因而当即写下一首赞美关盼盼的诗，"醉娇胜不得，风袅牡丹花"。意思是说关盼盼的娇艳情态无与伦比，只有花中之王的牡丹才堪与她媲美。

（关盼盼于唐德宗贞元三年，出身于书香门第，精通诗文，更兼有一副清丽动人的歌喉和高超的舞技。她能一口气唱出白居易的"长恨歌"，也以善跳"霓裳羽衣舞"驰名徐泗一带，再配上她美艳绝伦的容貌，轻盈婀娜的体态，让无数世家公子望眼欲穿。后来，关家家道中落，出于无奈，关盼盼被徐州守帅张愔重礼娶回为妾。）

两年之后，张愔病逝于徐州，府中树倒猢狲散，张府中的姬妾各色人等，都自各奔前程去了，而年轻的关盼盼却无法忘记和张愔夫妻之间的情谊，决意为张愔守节。

她只身移居到徐州城郊云龙山麓的燕子楼，身边只有一位年迈的仆人相从，她不再歌舞，也懒于梳洗理妆，十年中主仆二人过着几乎与世隔绝的生活。关盼盼的这种重情重义、矢志守节的精神，赢得了当时世人的怜惜和赞叹。

（燕子楼地处徐州西郊，依山面水，风景绝佳，是张愔生前特地为关盼盼兴建的一处别墅，楼前有一湾清流，沿溪植满如烟的垂柳，雅致宜人，这是关盼盼和张愔一同议定的楼名。）

元和十四年，曾在张愔手下任职多年的司勋员外郎张仲素前往拜访白居易，因他对关盼盼的生活状况十分了解，也深深地被关盼盼的重情重义感动,更钦佩关盼盼的矢志不渝。

原本,张仲素因关盼盼曾与白居易有一宴之交,又倾慕白居易的诗才,所以这次带了关盼盼所写的诗三首,想让白居易观阅并且希望白居易能诗文唱和,鼓励和褒扬一番关盼盼。

现附录关盼盼的"燕子楼新咏"三首如下:

一

楼上残灯伴晓霜,独眠人起合欢床。

相思一夜情多少,地角天涯未是长!

二

北邙松柏锁愁烟,燕子楼中思悄然。

自理剑履歌尘绝,红袖香消一十年。

三

适看鸿雁岳阳回,又睹玄禽逼社来。

瑶琴玉箫无愁绪,任从蛛网任从灰。

(关盼盼在诗中表达了她在燕子楼中凄清孤苦、相思无望、万念俱灰的心境,悲切感人。)

白居易读后,手捧着诗笺反复吟咏,暗想:张愔已经逝去十年,即使如此情深义重,难舍难分,为何不追随他到九泉之下,成就一段令人感叹的凄美韵事呢?于是在这种不知是出于何种心态的驱使下,白居易十分认真地依韵和诗三首,现附录如下:

一

满窗明月满帘霜，被冷灯残拂卧床。

燕子楼中寒月夜，秋来只为一人长。

二

钿带罗衫色似烟，几回欲起即潜然。

自从不舞霓裳曲，叠在空箱一十年。

三

今春有客洛阳回，曾到尚书坟上来。

见说白杨堪作柱，争教红粉不成灰。

白居易前二首诗的意思是遥想徐州西郊燕子楼，秋来西风送寒，夏来月明如水，凄冷而又孤寂。

独居楼中的关盼盼必是受尽了相思的煎熬，脂粉不施，琴瑟不调，往日的舞衣也叠放箱中，再也不会穿上起舞了。这二首是正常的叙述实情，但白居易在第三首中，忽然地笔锋一转，说到张愔墓上白杨已可作柱，而生前宠爱的佳人却还守着空帏，倘若真的情义深厚，为何不甘愿化作灰尘，追随夫君到九泉之下呢？

白居易认为，既然关盼盼能为张愔守节，为何不往前一步，从而留下贞节烈女的好名声，成为千古美谈？

为了更明确地表达他第三首诗中的意思，白居易索性赤裸裸地补上一首七言绝句，为他让关盼盼去死的意思再做诠释：

黄金不惜买娥眉，拣得如花四五枚。

　　　　　歌舞教成心力尽，一朝身去不相随。

　　张仲素也是一多事之人，回到徐州后，便把白居易为关盼盼所写的四首诗带给了她。

　　关盼盼接到诗笺后，起初前两首诗让她的心中得到一丝欣慰，认为能得到白居易的关注及亲笔题诗，是一种对自己的肯定和殊荣。

　　可是等到她接下来细细品读到后二首时，立即领会出白居易的用意何在了，不禁心中悲切万分。

　　心想：这诗中寓意也太于明显和逼人，用语尖刻，实欠公平。我为张愔守节十年，此人不对我施以关切和同情，反而以诗劝我去死，为何这般冷酷和残忍？

　　因而她泪流满面地对张仲素道："自从张公离世，妾并非没想到一死随之，又恐若干年之后，世人议论我夫重色，竟让爱妾殉葬，岂不玷污了我夫的清名，因而妾身含恨偷生至今！"话音未落，关盼盼放声大哭，哭自己的苦命，也哭世道的不平。

　　张仲素见状，心中也感酸楚，在一旁陪着她暗暗落泪。不知多久，关盼盼突然在泪眼婆娑中，依白居易诗韵奉和七言绝句一首：

　　　　　自守空楼敛恨眉，形同春后牡丹枝。
　　　　　舍人不会人深意，讶道泉台不相随。

　　关盼盼在这首诗中即有自白、自清，更有幽怨和愤怒。诗中所言的"形同春后牡丹枝"，是承袭当年欢宴时白居易夸赞她"醉娇胜不得，风袅牡丹花"之句而来。

那时花开正艳，如今却如同春残花将谢，"舍人不会人深意"是痛斥白居易不能了解她真正心意，在她花开芬芳之时大加赞誉，现在她寂寥凋零之时，竟还雪上加霜、落井下石。事到如今，她本早已了无生趣了，现在既然有人逼她一死，她也别无选择了。

张仲素离开燕子楼后，关盼盼就开始绝食了，随身的老仆含泪苦苦相劝，徐州一带知情的文人知道此事之后，也纷纷以诗劝解关盼盼，希望关盼盼不要自走绝路。

但是，关盼盼决心已定。十天之后，这位如花似玉、能歌善舞的一代佳丽，终于绝食而死，香消玉殒于燕子楼上（参见杨淮《古艳乐府》）。

在她弥留之际，关盼盼勉强支撑着虚弱的身体，提下绝笔：

儿童不识冲天物，漫把青泥汗雪毫。

这句话是针对白居易的，在关盼盼的眼中，这所谓，鼎鼎大名的白居易只是一个不明事理的幼稚小人，哪里能识得她这冰清玉洁的贞洁之情。

关盼盼用自己高贵的死，回敬了大诗人白居易。凄苦独居了十年的关盼盼，对于生死其实已经看得很淡，以死明节对她来说，其实并不是一件伤心之事，但她恨只恨自己的一片真情之心，却被这个沽名钓誉的白居易理解为自己不愿为张愔付出生命。不但无知，反而以一个局外人的身份逼自己走向绝路。

关盼盼的死讯由徐州传到了各地，许多知情的文人纷纷议论白居易，为何要逼死这样忠贞的一个弱女子。

当然风传到了白居易的耳中，为了平息众怒他假意奔走，托多方相助，使关盼盼遗体安葬在了张愔的墓侧，以此希望平息对他的非议，也算是他对关盼盼的一点补偿，以解脱一些自己的愧疚之情吧。但这一点关照，对于含悲而死的关盼盼来说，又有何意义呢？还不是仍旧为白居易徒增虚名罢了。

看到这里，不知你对沽名钓誉的白居易这篇提名，是否还有异议？

其人的文章诗文并不等同于与其人的品德，看白居易以一副悲天悯人、大慈大悲的模样，写下了《上阳宫》《琵琶行》同情女子的诗，现在有多少世人能知道白居易诗歌的背后，有着怎样的丑陋嘴脸？

一边写着《卖炭翁》，一边穷奢极欲豢养数百家妓，一边写着《上阳白发人》《陵园妾》等诗歌，疾呼宫中妇人

《卖炭翁》是唐代诗人白居易创作的《新乐府》组诗中的一篇。

《上阳白发人》是唐代诗人白居易创作的一首政治讽喻诗。

"苦最多，少亦苦，老亦苦，少苦老苦两如何？"在浔阳江头偶逢琵琶女，对这位"老大嫁作商人妇"的乐伎发出同是"天涯沦落人"的悲怆之时。一边肆意玩弄只有十几岁年轻貌美的女孩子，并且还每三年换一批。

这真是一位何等的"为官清正、为民疾呼"的诗人啊！

在这里，奉劝诸位不要以为会背诵诗词就是文人，不要以为诗词背的多就了解历史和中华文化，中国历史历来是文、史、哲不分，要全面的去读历史书籍，这样或许才能了解我中华浩瀚文明之一二。

色中饿鬼——纪晓岚

提到纪晓岚，大都会联想到当年红极一时的电视剧《铁齿铜牙纪晓岚》，剧中纪晓岚大义凛然、鳏寡独夫、不近女色、布衣简食、直言乾隆并一直伶牙俐齿地与肥胖、猥琐的和珅作着坚决的斗争。

同时还会想到《四库全书》和其编著的一部以乱力怪谈为主的《阅微草堂笔记》。

其实真实的历史情况是，据史记载：纪晓岚其貌不扬，高度近视，而和珅却是一代美男子。历史上，纪晓岚比和珅大26岁，纪晓岚与和珅的关系就像是忘年交。

纪昀，字晓岚，一字春帆，晚号石云，直隶献县（今河北沧州市）人。

年轻的和珅处世外向泼辣。年老的而处世逐渐内敛圆滑的纪晓岚会时时善意地提醒和珅。

所以在工作中，和珅对纪晓岚更多的是关照，在人际关系上，纪晓岚对和珅更多的是帮助。两人其实不但在政治上并无交锋，在生活中也是一对互相帮助的忘年交，这与电视剧的情节大相迥异。

而且纪晓岚有口吃，能把话流畅地讲

和珅，钮祜禄氏，原名善保，字致斋，清朝中期权臣、商人。

清楚就不错了，根本不是什么伶牙俐齿。

嘉庆皇帝的老师朱著在《知足斋集》里就提到过，"宗伯河间姹，口吃善著书"。

纪晓岚作为汉人在大清王朝的历史中，特别是在满清王朝初期"崇满抑汉"的大背景下，在仕途方面可以算是屈指可数的几位代表性人物之一。能一直做到礼部尚书、协办大学士的高位可见他对满清王朝的忠心。

乾隆皇帝50岁生日时，纪晓岚趁机奉上一联："四万里皇图，伊古以来，从无一朝一统四万里；五十年圣寿，自今而后，尚有九千九百五十年。"这样的贺联确实"震古烁今"，足见纪晓岚的拍马手段已臻化境，神出鬼没。

这些不但不为世人所熟知，而且也未必熟知纪晓岚超乎寻常人的"肉欲和性欲"。先从纪昀的肉欲开始说起……

是一部辑录清代遗闻轶事的著作，初版迄今已近一个世纪，但今天看来，仍不失其价值。

据采蘅子的《〈虫鸣漫录〉卷二》说："纪文达公自言乃野怪转身，以肉为饭，无粒米入口，日御数女。五鼓如朝一次，归寓一次，午间一次，薄暮一次，临卧一次。为每日不可缺者。此外，乘兴而幸者，亦往往而有。"

《清朝野史大观》卷三中记载："公平生不食谷面或偶尔食之，米则未曾上口也。饭时只猪肉十盘，熬茶一壶耳。"

纪晓岚的人生原则是绝不可能让饭桌上出现任何叶绿素。他每天吃三顿，每顿一壶浓茶、十盘猪肉。有一个号称爱吃肉的人试图讨好纪晓岚，向他推荐米饭配红烧肉是极致享受，纪晓岚不屑地问："米饭是什么？吃这种不伦不类的东西，是对胃的侮辱！"

《〈啸亭杂录〉卷十》中记载："（公，纪昀）今年已八十，犹好色不衰，日食肉数十斤，终日不啖一谷，真奇人也。"

更有甚者，孙静庵在《栖霞阁野乘》里也写了纪晓岚"一日不御女，则肤欲裂，筋欲抽"。

《栖霞阁野乘》一书中讲述了关于纪晓岚好色的故事："河间纪文达公，为一代巨儒。幼时能于夜中见物，盖其禀赋有独绝常人者。一日不御女，则肤欲裂，筋欲抽。尝以编辑《四库全书》，值宿内庭，数日未御女，两睛暴赤，颧红如火。纯庙偶见之，大惊，询问何疾，公以实对。

《四库全书》全称《钦定四库全书》。是在乾隆皇帝的主持下，由纪昀等360多位高官、学者编撰，3800多人抄写，耗时十三年编成的丛书，分经、史、子、集四部，故名四库。

上大笑，遂命宫女二名伴宿。编辑既竟，返宅休沐，上即以二宫女赐之。文达欣然，辄以此夸人，谓为'奉旨纳妾'云。"

行文至此，读者一定惊愕到这是纪晓岚吗？是的，不错。这就是你们所不知道的纪昀——纪晓岚。"一日五次郎"，一天吃数十斤肉，肾功能出神入化的纪大学士。

《栖霞阁野乘》记载的就是纪晓岚在编撰《四库全书》时，住在宫中，几天未行房事，眼睛充血，颧骨红得像要喷血。乾隆来视察工作，看他这样子都吓了一跳，开始以为他工作压力太大走火入魔(要知道，有4000多人参与《四库全书》的编纂、抄写、搬运，被累死的至少有几十人)。乾隆关切地问纪晓岚得了什么病,纪晓岚当时欲火焚身只得直言相告,跟当朝皇帝说自己饥渴难耐。乾隆很是体贴,马上打发了两个宫女给他当了福利。纪晓岚和两个御赐的宫女卉倩、蔼云相见甚欢。云雨之后顿觉神清气爽、水润干泽,逢人炫耀自己是"奉旨纳妾",因为是皇帝御赐的,所以他自称二位宫女为"次妻"。

(以上这些本人不做任何评论,只不过将书中记载的一些不被世人所熟知的真相告知世人。同时接下来介绍一下,纪晓岚多姿多彩的婚姻生活。)

纪晓岚的正妻马氏,是县令马永图之女。马家也是名门望族,祖上是马致远,就是留下"枯藤老树昏鸦,小桥流水人家"名句的马致远。

纪晓岚的正妻马氏与纪晓岚结婚的时候,年方二十岁,纪晓岚十七岁,也是唯一寿终正寝的。正妻马氏出身于书香门第,文采也是不让须眉。

据说纪晓岚在与马氏洞房花烛夜的时候,闹新房的人要求新人吟诗作赋方愿离去,马氏随口拈来"百年良缘在今宵,诸君莫要再相扰",纪晓岚也是顺口说"织女正在停梭等,速让牛郎过鹊桥"。众人听完,一哄而散。

由此可见,马氏也是一个通晓诗书的女子,马氏和纪晓岚在一起生活了五六十年,虽是相敬如宾,但纪晓岚总广纳小妾,马氏不但从不作梗,并且对她们都很和气。(在今天的人们看来是多么的不可思议,其实古代就是这样,正妻如果帮着丈夫娶妾,这种行为被看做是正室的一种优秀品德。)其实纪晓岚并不宠爱正妻,纪晓岚在《阅微草堂笔记》中只二三处拨冗般地提了一下马氏,而且基本上毫无感情。

有人说，看一个拜金至上的人对一个人感情有多深，主要是看他愿意为你花多少钱；看一个慵懒之人对一个人的感情，看他愿意为你的事跑多少次腿，走多远的路。而看一个文人对一个人的感情，主要是看他愿意为你写多少文字。（现下还有一种很流行的说法，不能上升到金钱的感情都不是真感情，哈哈，笑谈。）虽然这么说有点片面，但是不可否认的确是有些道理的。

在纪晓岚的妾室中，最宠爱的是郭氏和沈氏。郭氏彩符十三岁的时候就给纪晓岚做小妾，郭氏长得很美，纪晓岚十分喜欢，但是郭氏三十岁的时候就因病去世了。

郭彩符名字的由来见于纪昀记述，郭氏的妈妈怀她时做了一个梦，梦见一个人在端午节卖彩线，所以就取名郭彩符。

不知是不是因为叫彩符的关系，在她13岁的时候就被纪大才子看上了。她父母不知出于什么样的原因和心理，竟然同意了纪晓岚纳郭彩符为妾的要求，而且婚事办得既快又顺利。

这样，纪晓岚一边教13岁的郭彩符读书习字，一边和她颠倒凤鸾。师徒的情分、夫妻的体位、悬殊的年龄，如此凌乱的关系就算放在开放的当下，想必也会令人瞠目结舌吧。

对于宠妾郭彩符的死，纪晓岚十分伤心，并作诗悼念。

百折湘裙占画栏，

临风还忆步珊珊，

明知神谶曾先定，

终惜芙蓉不耐寒。

——《阅微草堂笔记·槐西杂志》

从这首诗中，我们可以看见郭氏在世时面如荷花，步履婀娜多姿，临风而立的时候，步履姗姗，这该是多么美的画面，难怪纪晓岚如此伤心。

郭氏生前常常陪纪晓岚读书，替纪晓岚研墨，端茶倒水，佳人相伴，红袖添香，纪晓岚也可算是艳福不浅。

即便如此，这也丝毫不影响纪晓岚对另一个宠妾——沈氏明轩的情真意切。

沈氏明轩也是在十三岁的时候嫁给纪晓岚的，比纪晓岚小三十七岁。他们的年龄相差很大，沈氏到纪家以后，马氏待其如同亲生女儿，十分疼爱她，甚至像对待亲生女儿般对待沈氏明轩。

沈氏明轩十分的聪慧，"神思朗彻，殊不类小家女"，"性慧黠，平生未尝忤一人"——《阅微草堂笔记·槐西杂志》。她曾经对纪晓岚说，如果女子在四十岁以前死掉，可能还有人替她可惜。如果活到了八十岁，只会让人讨厌，我可不愿意。（"女子当以四十以前死，人犹悼惜。青裙白发，作孤雏腐鼠，吾不愿也。"——《阅微草堂笔记·槐西杂志》）

没有想到，一语成谶，沈氏去世的时候，也只有三十岁，可谓达成了其"心愿"。

沈氏出嫁的时候不识字，但是由于其生性聪慧，在陪同纪晓岚检修图书的过程中，竟粗通文义，也能够吟诗作赋了。

如："绛桃映月数枝斜，影落窗纱透帐纱"，就是沈氏做的。

沈氏去世时口诵诗一首：

三十年来梦一场，

遗容手付女收藏。

他时话我生平事，

认取姑苏沈五娘。

纪昀为她单独写了七八百字传记，并记录下了她的诗词。

据纪昀记载，沈氏临终前还魂魄出窍，去圆明园探望在那里值班的自己。对她的死，纪晓岚肝肠寸断，在沈氏遗像上题了两首诗，

附摘其中一首：

几分相似几分非，

可是香魂月下归。

春梦无痕时一瞥，

最关情处在依稀。

——《阅微草堂笔记·槐西杂志》

虽然"最关情处在依稀"，但纪晓岚为了以解对沈氏的相思，不出多时便将沈氏的丫鬟玉台纳为了小妾。

当时玉台只有15岁，而纪晓岚65岁，相差整整50岁。出人意料的是仅仅两年之后，小妾玉台也香消玉殒了。

读到此处大家会发现，纪晓岚的小妾们有个最大的特点，就是去世太早，不知是体质太弱，还是别的什么原因。

年八十，好色不衰，所以纪晓岚不时还得去京城的八大胡同疏导一下。其中樱桃斜街11号是他常去的地方。就算此公到了79岁高龄的时候，都坚持去那儿听书狎妓。

　　上世纪七十年代，有人挖开了纪晓岚在其家乡河北沧州的坟墓，人们发现里面只有七具女尸骨，而没有男尸骨（纪晓岚与正妻埋在别处）。据考证推测出，这七位女性应系纪晓岚的小妾无疑，如此算来纪晓岚应该是有一妻七妾。

　　一位被今人捧作为人师表并大加赞誉的纪晓岚如此极致人欲，想必一定让读到此书的你大跌眼镜吧。这就是为什么说，对一个历史人物，或者说历史事件不要轻信和盲从，对于所谓的权威人员的评价和权威书籍的定论，应该有着自己的理性判断和自己的历史探究。

　　又比如对于四库全书，真的是对中国文化的贡献？难道不会是一种摧残和阉割？

百年屈辱始乾隆

凡提起乾隆，历史的记载，对乾隆褒奖有加，批评甚少。历史学家更是早有"康乾盛世"之说。这是否恰如其分，真实全面？

国人大都比较熟悉乾隆，因为有太多的清宫电视剧，演绎过多种的乾隆形象。

但回望历史，乾隆在我的眼中就是一个功不能抵过，是一个对中国百年屈辱历史必须要负责的人物。

乾隆，清高宗爱新觉罗·弘历（1711年9月25日—1799年2月7日），清朝第六位皇帝。

在乾隆执政的60年间，乾隆沉迷于当时中国国内所谓的太平盛世，天朝世界第一的幻象之中，极为麻木愚蠢地对国外的科技进步视而不见，对西方世界正发生着历史性的、划时代的深刻变革熟视无睹。

乔治·马戛尔尼，出生于爱尔兰，毕业于都柏林三一学院，1792年，他被加封为马戛尔尼子爵。

不但不知西方世界正在轰轰烈烈地进行着人类历史上第一次工业革命，就连开创人类近现代文明的英国，在中国地理位置的何方？距离多远？面积多大？国力如何？人口多少？如何到达？都不知道，还妄自尊大地称英国为茹毛饮血、蛮荒之地的夷邦小国。

在乾隆五十八年（1793年）八月十三日，乾隆皇帝在避暑山庄接见英国使臣马戛尔尼。

马戛尔尼来华是要和清朝通商，并提出相关的通商要求，却被乾隆斥为"傲慢无理的要求"，并严词拒绝，遂将使臣礼送出境。说"天朝统驭万国"、"抚有四海"、"天朝物产丰盈，无所不有，原不藉外夷货物，以通有无"等等，说明乾隆根本看不到（也不想看）西方工业科技的进步和世界发展的潮流，愚昧地认为西方的科技是"奇技淫巧"，不懂科学也不相信科学。

当外国使者带来枪支、铁船样品进贡时，乾隆却不屑一顾，随意地将其赏赐给官员，愚昧地认为这是无益的东西，除了西洋的钟表外无一物胜于天朝万物。

而当时，工业革命时代推动着西方国家不断发展，伴随蒸汽机出现，各种蒸汽纺纱机、轮船、火车等如雨后春笋般冒出，可乾隆依然陶醉在自己"天朝上国"、"千古第一全人"的幻梦之中。

乾隆放弃的不是这次中英国际贸易谈判的机会，是放弃了中国融入西方工业大革命发展浪潮的最好机会，是放弃了中国成为近代最强大的工业、科技文明强国的机会。

自古道：旁观者清，当时的英国特使马戛尔尼勋爵，离开北京回国时，就曾预言："清朝像一只大而陈旧的帆船，必将在历史的惊涛骇浪中沉没。"

一语成谶，乾隆死去40年后，中英发生了第一次鸦片战争，由此中华民族开始一步步走向了历史的深渊，百年的近代屈辱、中华民族的浩劫拉开了序幕。

乾隆不但愚昧无知，不思进取，他还穷奢极欲，大兴土木，修建皇家园林以供自己享乐。乾隆六下江南，沿途官吏奢华接待，消耗大量的民脂民膏、劳民伤财。

美其名曰：视察江河治理、体察民情，实际上是游山玩水。要不，为何他重复去苏杭风景名胜地区，却不去西北穷困地区。不但如此，乾隆每每还将江南美女带回京城，搁置在所将建的园林之中供其淫乐。甚至说："北国的胭脂，如何比得上南朝的金粉。"

乾隆不但风流而且卑鄙，为什么这么说？一个君王奸淫臣子的妻子，算不算下流？为了能长期奸淫，还将人妻的丈夫发去边疆戍边，算不算卑鄙？

福康安，相信热爱清宫剧的观众应该不会陌生。其实他就是乾隆皇帝与清朝名将傅恒的妻子瓜尔佳氏（史料记载为满洲第一美人）私通的结果（傅恒的亲姐姐是乾隆的第一任皇后）。

那年，他在圆明园中碰到了傅恒的妻子，一见钟情，不能自已，硬是把自己的弟妹来了个霸王硬上弓。不但如此，为了方便和自己的弟妹独处，将傅恒调到边疆统兵，这样自己就可以经常与自己的小舅子的妻子巫山云雨了。

乾隆六下江南，不但极尽享乐，他居然还要将江南风景带回北京。在圆明园中复建江南景观，例如在圆明园就有杭州西湖的平湖秋月，三潭印月，南京的瞻园在圆明园成为如圆，还有苏州的狮

富察·傅恒(约1720年—1770年)，字春和，清高宗孝贤纯皇后之弟，清朝名将、外戚，满洲镶黄旗人。

子林等等。

直到他到了晚期，乾隆还要大建西洋景观，要将海外各国皇家宫殿重建圆明园中，如白金汉宫、克里姆林宫、土耳其宫等，（没事还要带着几个美女在里面泡土耳其浴），恨不得将天下的一切美景均拿来为他一人享用。

公元1749年（清朝乾隆十四年）冬，乾隆皇帝借为其母祝六十大寿为名，将湖山按照园林创意进行了大规模的疏浚与治理，把湖面向东北扩展，重筑东堤。

同时，把挖湖的泥土，按照造园布局的需求堆筑在山上，使山体形象如一只展翅欲飞的大蝙蝠，衔哺着酷似寿桃状的湖水，寓形隐意，妙趣天成。

公元1750年，乾隆改瓮山名万寿山，原称作西湖的改名为昆明湖，后改称颐和园。

颐和园总面积近三百公顷，其中水面占四分之三，园内有古建筑三千余间，面积约七万平方米，作为自己理想的栖息之所，乾隆题诗曰"何处燕山最畅情，无双风月属昆明"。

乾隆帝在圆明园内调整了园林景观，增添了建筑组群，并在圆明园的东邻和东南邻兴建了长春园和绮春园（同治时改名为万春园）。

就在乾隆不计成本地扩大皇家园林规模时，在用国家财富堆砌起来的皇家园林中与他众多美人嬉戏玩乐时，在搜肠刮肚"附庸风雅、显示其诗文才华"时，西方世界的工业、科技、自然科学等等，却以不可阻挡之势，飞速向前。

乾隆一生好大喜功，自称十全老人，自夸其十全武功。我们先从他所谓的十全武功开始了解，并从同一时期世界正发生着什么做比较，这样我们能客观公正的认识到，乾隆对中国百年屈辱的近代史所要负什么样的历史责任。

乾隆十四年(公元1749年)，平大小金川；

乾隆二十年(公元1755年)，平准噶尔；

乾隆二十二年(公元1757年)，再平准噶尔；

乾隆二十四年(公元1759年)，平回部；

乾隆三十四年(公元1769年)，平缅甸；

乾隆四十一年(公元1776年)，再平大小金川；

乾隆五十三年(公元1788年)，平台湾；

乾隆五十四年(公元1789年)，平安南；

乾隆五十六年(公元1791年)，平尼泊尔；

乾隆五十七年(公元1792年)，再平尼泊尔。

其实以上所谓十全武功，只有两平准噶尔及一平回部名副其实。实事求是地讲，此三役不但铲除自康熙年间就为祸西北的准噶尔部，并将新疆并入中国版图。乾隆通过这十次重大的用兵，加上一系列的政治制度，大大地拓宽了清朝的疆域，并且巩固稳定了新疆和西藏的统治，为现在的中国疆域打下了基础。不可否认，这是乾隆这一生对中国历史所做的最大贡献。

虽然早期的乾隆还算励精图治，但是之后的他刚愎自用，一而再再而三地让中国失去了与西方列强一起崛起成工业强国的机会。让我们看一下，同一时期的世界正在发生些什么？

乾隆二十年(1755年)，俄国建立莫斯科大学；

乾隆三十年(1765年)，英国纺织工哈格里夫斯发明新式纺

车珍妮纺纱机;

乾隆三十九年（1774年），美国独立战争开始;

乾隆四十五年（1780年），美国科学院在波士顿成立;

乾隆四十八年（1783年），北美独立战争取得胜利;

乾隆五十年（1785年），英国卡特莱特发明水力织布机;

乾隆五十三年（1788年），第一届美国国会在纽约召开;

乾隆五十三年（1788年），英国瓦特改良蒸汽机;

乾隆五十四年（1789年），华盛顿就任美国第一任总统;

乾隆五十四年（1789年），法国举行三级会议，爆发资产阶级大革命，发表《人权宣言》;

乾隆五十六年（1791年），美国通过《人权法案》;

乾隆五十八年（1793年），法国国王路易十六被处死;

嘉庆十二年（1807年），美国富尔顿发明轮船;

嘉庆十九年（1814年），英国史蒂芬孙发明蒸汽机车。西方的工业大革命已经如火如荼。

乾隆的思想极度专制，大兴"文字狱"，扼杀了思想多样化。由于文字狱，许多文人因说错一句话就有可能沦为阶下囚，甚至满门抄斩，导致文人不敢多加创作，失去了许多思想进步的机遇，并且从根本上导致文化发展停滞，甚至退后。

试想，平民百姓都不敢去思考新的东西，就算想到了，但说出来就有可能招致杀身之祸，谁还会去作深入的思考呢?

当时欧洲的力学、数学、化学、天文学等蓬勃发展，而中国却禁锢于一成不变的八股文，思想的停滞必然导致中国社会的停滞不前，最终沦落为愚昧、思想禁锢、科技落后、人性麻木的落后民族。

　　乾隆长期闭关锁国不知觉醒，错失与世界接轨的重大机会。如果当时乾隆答应与英国通商，清朝的国民就能接触到西方世界科技文明，即使中国慢于英国，开始民族觉醒、开始近代工业革命，凭借国内原有坚实的经济基础，凭借中国聪明才智、凭借中国人民的吃苦耐劳的优秀品质，就算不能迎头赶上当时的英国，但也不至于和西方在科技、文化、文明相差太大，也不至于一个泱泱大邦任人宰割，被英国区区一万人不到但装备着先进火器的军队，打得毫无还手之力。

　　火枪、火炮是中国人发明的，早在明代，包括在亚洲的军队中就已经开始应用。扳机击发式火绳枪在中国得到应用的时间要远比日本早100多年，1575年，丰臣秀吉就下令在他统帅的日本正规军队中组建了火枪部队。但清朝的统治者们对火器的认识远不如明朝，当安托万·洛朗德·拉瓦锡用定量化学实验阐述了燃烧的氧化学说以及火枪普遍装备西方军队的时候，乾隆皇帝还在鼓励继承和发扬"马上骑射"的优良传统，直到乾隆退位，中国军队中的火枪也不过上千支。

　　福康安曾将乾隆赏赐的"手铳"——左轮手枪带、黄铜子弹带缠在腰间以此作为皇上赏赐的炫耀。只可惜，这样先进的武器在乾隆眼里和他治下的臣子眼中，只是西洋"奇技淫巧"的玩具而已。

| 四库全书是对中国文化的阉割 |

欲灭其国，先去其史。乾隆下旨修撰《四库全书》，名义上是为了综合古今典籍，实际上是对中华文明进行的一次彻底而细致的清洗与篡改，其险恶目的就是不让中华文明自明朝以上的所有真实历史记录保留下来。在乾隆统治中国的六十多年里，是中华文明最恐怖、最黑暗的时代。

中华历史上的民族政权交替时代有过，但从来没有一个像清朝统治者这样，彻底摧毁了中华大汉民族的衣冠、服饰，彻底绞杀了中华大汉民族的民族意识，从精神上到肉体上彻底把中华大汉民族奴役成。较之前代的外族统治者，更加阴险和恶毒。

清朝为什么要这么做？因为女真不过百万，也没有自身成体系的文明，面对泱泱大汉中华时，心理弱势和强烈的民族自卑感是不言而喻的。为了维护自己对中华民族的统治，他们就必须从汉人的文化和民族自信下手，打掉汉人思想和自信的基石。只有使汉人变得愚昧和充满奴性，才能便于他们的统治。这就是清廷极力丑化扭曲汉人政权及历史的目的，也是清廷大兴文字狱的目的。当今国人之所以对自身文明愚昧和无知，以及对西方文化毫无理性地盲从，就是"欲灭其国，先去其史"的直接后果。

自乾隆三十八年，开设四库全书馆开始，全国各地的图书都要接受检查。

乾隆于三十九年，命各省查缴"诋毁本朝"之书，尽行销毁。

乾隆于四十年，下令四库馆臣对所收书籍"务须详慎决择，使群言悉归雅正"。

这意味着，不仅连明代的有关文献被禁止和销毁，就连前人涉及契丹、女真、蒙古、辽金元的文字都要进行篡改。

查缴禁书竟达三千多种、十五多万部，总共禁毁的图书超过七十多万册，禁毁书籍数量与四库全书所收录的书籍数量几乎等同（乾隆较始皇帝而言，在这方面有过之而无不及也）。

明清之际，像黄宗羲、黄道周、张煌言、袁继咸、顾炎武、钱肃乐、孙奇逢等人所著的著作，都成为了禁书。就连《天工开物》《物理小识》《武备志》《明将军传》等对中国科技文明发展极为有利的书籍都被列为禁书，只要是记录中国明朝科学成就的书籍不论是哪方面都被列为禁书。

吴三桂的《反满檄文》《扬州十日记》（扬州屠城）《嘉定屠城记略》等在中华本土消失了足足两百多年。而现在我们所看到的很多文献和书籍，竟然还是两百多年之后的今天，从日本找到的。所以，日本的文化学术界，总是以正统的汉学文化继承者自居。

鲁迅先生就曾经说过："对我而言，最初提醒满汉的界限不是书，而是辫子，是砍了大汉前人的许多头颅，这才种下了。到我们有知识的时候大家早忘了这斑斑血史。"

就连著名历史学家吴晗先生都说过："满清纂修《四库全书》而中华古书亡矣！"

乾隆不但下旨销毁和禁止与统治利益有冲突的明代文学和历史作品。就连两宋时期，反映我大汉民族抵御外族入侵，反抗异族压迫和反映大汉民族不屈不挠的战斗精神的作品，也尽量摒弃和焚毁。对于不得不收录的名家名作则进行大肆篡改。

《四库全书》所收录的古籍，许多地方是经过纪晓岚这样的官吏们篡改的，这是人尽皆知的事实。

比如：南宋抗金名将岳飞的《满江红》中的名句，"壮志饥餐胡虏肉，笑谈渴饮匈奴血"。因为"胡虏"、"匈奴"在当时是犯忌的。于是《四库全书》把这句名句篡改成了"壮志饥餐飞食肉，笑谈欲洒盈腔血"。

又比如：辛弃疾的《永遇乐·京口北固亭怀古》中的"斜阳草树，寻常巷陌，人道寄奴曾住"，被改作"人道宋主曾住"。

"寄奴"是南朝时期，宋国开国皇帝刘裕的小名。"寄奴"二字也与清朝犯忌的"胡""戎""夷""虏"等了无关涉。那么为什么还要改呢？

说来可笑和滑稽，原因只有一个，那就是用小名称呼帝王，《四库全书》战战兢兢的馆臣官吏们，看了就感到别扭，怎么可以直呼帝王的乳名呢？所以即使没有"违碍"之处，那也要改，否则不是纲纪全无吗？（看看，这是多么值得表扬的奴才精神啊！）

（以上案例在《四库全书》中不胜枚举，如果有兴趣可以自己查阅和了解。）

关十《四库全书》，"五四"以后，鲁迅、唐弢等人曾将其评价为一部阉割中国古文化的集大成之作。

鲁迅曾经说过："《四库全书》不仅藏在内廷，而且还颁之文风较盛之处，使天下士子阅读，永不会觉得我们中国作者里面，也曾有过很有些骨气的人。"(《病后杂谈之余》)

不但鲁迅、唐弢有如此评价，国外的汉学界，持此类观点的也大有人在。

美国著名汉学家费正清在其《美国与中国》中，就一针见血地指出：满清实际上通过这项庞大文化工程，进行了一次文字清查工作（文学上的"宗教裁判"），目的之一就是取缔一切非议外来统治者的著作。

编纂人在搜求珍本和全整文本以编入这一大文库时，也就能够查出那些应予取缔或销毁的一切异端著作。他们出高价收集珍本，甚至挨家挨户搜寻。正如古德里奇所论证的，"这是最大规模的思想统治"（世界知识出版社，2003年2月第1版）。

哈佛大学著名的中国历史教授史景迁在他的《追寻现代中国》一书中也鲜明地指出："编纂《四库全书》还具有检视文献的目的，借此搜查私人藏书，并严惩那些收藏有轻视满人内容书籍的人。

这类书，以及包含有害于中国国防的地理和游记类书籍也被销毁。这些毁书行动之彻底，使得我们知道的被乾隆的文化顾问纳入禁毁之列的两千多种图书从此销声匿迹。"（上海远东出版社，2005年4月第1版）

稍有历史常识的中国人都知道，清朝时的文字狱是相当残酷的，而这些文字狱中相当一部分，恰恰与乾隆皇帝授命纪晓岚编纂《四库全书》是同时进行的。

据史料记载，乾隆时期共有"文字狱"130多起，其中48起主要集中在编纂《四库全书》的时期。

如果大家有兴趣，可以仔细比较康雍乾三朝的"文字狱"。你们会发现，这三朝的文字狱虽程度和方式不同，但本质都是消灭大汉民族的独立、反抗的意识觉醒和抑制汉人对自身文明文化的自信。

放眼距今，一千多年以来的中华文明历史，"文字狱"的历史鲜有。

汉唐盛世基本上没有大的"文字狱"。

宋代虽以苏东坡"乌台诗案"开了"文字狱"先河，也只不过是贬官三级，下放黄州流放琼崖而已。

直到明代的万历皇帝，将只是"不以孔孟之是非为是非"的李卓吾，以"敢倡乱道""妄言欺世"的罪名下诏问狱，逼其自刎（此也不过是个例）。

但自满清入主中原后，以正统虚妄自居，对中华文明极尽压迫。

据史料记载：康熙在位六十一年，较大规模的"文字狱"有11起，清史内档记载康熙年间的"文字狱"大多数是由因"汉人互相攻讦"。

雍正生性猜忌多疑，虽在位十三年，但大规模残酷的"文字狱"有20多起，不少是由雍正自己"亲自揭发"、"亲自审讯"。

乾隆在即位初期，为了稳固自己的地位，准行"请宽妖言"，假造"言论宽松"，但在其地位根基稳固之后，在他六十年的帝王生涯中，竟创造了130多起"文字狱"酷案，比此前中国历史上"文字狱"总和还多一倍。

清廷利用《四库全书》对中华璀璨文明和灿烂文化阉割，使得中国回到类似于中世纪欧洲黑暗而愚昧的时代。思想没了，文化没了，科技没了，几千年的文明、文化发展付之一炬，怎么能不愚昧、怎么会不落后？

所以自"鸦片战争"之后的世界，看到的只有中国人的愚昧、麻木和扭曲的奴性叠加起来的形象。直到现在，中华民族还深受其害，余毒未消。

自甲午海战之后，日本曾经嘲笑中国：中国五千年的文明不如日本明治维新发展的五十年。这虽是夜郎自大，但是有一点不可否认的是，当中华文明被毁灭的同时，中国也失去了强盛和进步的基石。

（日寇侵华期间，日本在我国东北推行奴化教育和清廷如出一辙。日本学界曾经说过："征服中国不必在乎手段残酷。因为征服中国后，东条英机就不再是屠杀者，而是中国的忽必烈和努尔哈赤。"这虽是野兽之语，但日本学者的确深入地研究过中国的历史。）

假作真时真亦假，直至今日，中国绝大多数沉迷于清宫电视剧的人们，仍然认为清廷有着大汉前朝不可企及的盛世，仍然认为康雍乾三帝是中国历史上不可多得的圣君。这真是让人痛心疾首。

真诚的希望现在的人们，特别是历史电视剧的编剧们，本着对历史负责，对中华民族负责的态度，以真实的历史原貌去讲述、去拍摄。中华文明已经经不起任何的篡改和胡诌了。

荷花图
明·陈洪绶
绢本设色（75.8*39厘米）
中国台北故宫博物院藏

陈洪绶的花鸟画勾勒精细，色泽清丽，风格鲜明。此画绘荷塘之
景，笔法劲健，怪石嶙峋，尖峭突兀，荷花则敦厚朴茂，画风写实。
此画钤有"乾隆御览之宝"、"宣统御览之宝"等帝王鉴藏玉玺。
并经《石渠宝笈》著录。

红莲图

清·谢荪

纸本设色（25.3*31.3厘米）

北京故宫博物院藏

谢荪，江苏溧水人。擅花卉、山水，为"金陵八家"之一。这是一帧工笔设色花卉小品，技法从宋代院体画中脱变而出，钩勒晕染，功力深厚。花叶的线条工细而不呆板，敷色艳丽而不浓腻，构图别致，刻画精微，将荷叶的纤维也毫发无遗的勾出，栩栩如生。

柏鹿图

清·沈铨

绢本设色（38.2*47.2厘米）

沈铨（1682-1760）浙江湖州人。善花卉、翎毛，用笔工致，设色艳丽，曾至日本授画三年，颇受重视。此图可视为作者翎毛走兽的代表作之一，极为清丽活泼，是为友人祝寿而作，写实功力深厚，题材吉庆，气氛幽静清香。款署"乾隆丙寅三秋"，应为沈铨六十五岁所作。

忠臣烈士——李鸿章

丈夫只手把吴钩，意气高于百尺楼。
一万年来谁著史？八千里外觅封侯。
定将捷足随途骥，那有闲情逐水鸥！
笑指泸沟桥畔月，几人从此到瀛洲。

这首诗的作者是很多人眼中的卖国大臣——李鸿章。李鸿章一生中最令后人诟病的，便是由他签订的中国近代史上最具耻辱的《马关条约》。从而成为中国近代史上第一卖国贼。

但是他又与曾国藩、左宗棠、张之洞合称为晚清中兴四大名臣。同时他又被西方赞誉为"东方的俾斯麦"，与德国的俾斯麦，美国的格兰特并称十九世纪三大伟人。

李鸿章（1823年2月15日——1901年11月7日），晚清名臣，洋务运动的主要领导人之一。

更有甚者，战胜国的日本首相伊藤博义对他的评价是：大清帝国唯一有能耐可和世界列强一争长短之人。

慈禧太后更是说他是"再造玄黄之人"，李鸿章到底是什么样的人？历史的真相又是如何？

李鸿章出生于道光三年正月初五日（1823年2月15日），安徽

省合肥县东乡磨店乡人士。父亲李文安，母亲李氏，兄弟姐妹8人，李鸿章排行老二，族谱名为章铜，字渐甫。

六岁就进入家馆棣华书屋学习。他少年聪慧，先后拜堂伯李仿仙和合肥名士徐子苓为师，攻读经史，国学功底深厚。道光二十年（1840年），应试中秀才。

道光二十三年（1843年），李鸿章在庐州府学被选为优贡。时任刑部郎中的父亲望子成龙，来函催促李鸿章入京，准备来年顺天府的科举应试。

开篇诗文就是李鸿章北上入京时所作的《入都》诗十首之一，就凭"一万年来谁著史，三千里外欲封侯"一句，足见只有20岁年纪的李鸿章有着何等的壮烈胸怀。

所以当李鸿章仅以刚刚招募的九千淮军，便打败了号称太平天国军事天才的忠王李秀成所率领的十万大军，也就没什么可惊叹的了。

也因如此，李鸿章成了上海英美法等国租界和上海各界人士眼中的救世主，为他日后的洋务运动打下了坚实的人脉和经济基础，从而成就为洋务运动中的灵魂人物。当时甚至有洋人说，不知道中国皇帝是谁，但是知道中国有个李鸿章。

美国总统格兰特在接受《纽约时报》采访时，（1883年）谈及自己在国外所遇到的四个最了不起的人分别是：法国首相甘贝特、德国首相俾斯麦、英国首相格兰斯顿和中国的李鸿章。

李鸿章是中国近代以来少有的高瞻远瞩之人，他在一百多年前就已大声疾呼："奋起护我中华之'蓝色疆土'，中华帝国的每一寸土地、每一片海洋，都决不容许外敌觊觎。"

他是第一个在清廷提出防日战略的人。他曾系统提出防范日本及其他西方列强。他警告后人对这个当时新兴的东邻小国的狼子野心，必须要提高警惕。可悲的是，李鸿章去世后的三十年，1931年9月18日，这个东邻小国就发动了侵华战争，之后日寇的铁蹄踏遍了中国东北全境。

那时清王朝和列强特别是和日本的关系已经十分紧张，各国列强又对满清虎视眈眈，李鸿章曾说："中国但有开花大炮、轮船两样，西人即可敛手。"由于他深刻地认识到西方科技文明的先进性，所以李鸿章是洋务运动四大领袖人物里面办实事最多的人。

他所主办的洋务中有500多个中国第一，200多个亚洲第一。他是中国近现代电力、电讯、邮政、金融、外贸、铁路、航运、冶金、造船、教育、翻译、出版、海军、兵器等的奠基人和开创者。由他直接或间接培养出来的高级人才不胜枚举。

如果李鸿章若生于盛世，必流芳百世，只可惜他生于乱世，虽大有作为，却是辛酸苦撑、极力维持。用生不逢时这四个字来形容李鸿章的一生是再合适不过了。

比如后人一直诟病的《马关条约》，当时，李鸿章在负责谈判事宜之时，日本人只给了他三个字的权力，就是"签"或"不签"。

李鸿章明知慈禧太后大权独揽，她说要签，满朝谁能奈之何？但是李鸿章他依然咬牙说不签，日本人大怒，拿枪托直接打在了李鸿章的头上，李鸿章的脑袋登时冒出血，他不但面无惧色，仍然凛然地拒绝签字。

试想，以李鸿章的铮铮铁骨和满腔的爱国情怀，在苦心大力改革实行洋务运动后的他，仍然还要接受敌人强加给他的丧权辱国的局面，那是何种心境？！

日本人面对李鸿章这样的忠贞大义、视死如归之人，除了敬佩之余也无可奈何，只能转向慈禧太后施加压力，从而让慈禧太后命令李鸿章向日方妥协。

慈禧太后得知日方意图之后，给李鸿章下令：马关条约必须签署，对于日方的要求尽力满足，只求能够停战就好。

事既已至此，真是"秋风宝剑孤臣泪，落日旌旗大将坛"，李鸿章不得不签署了这个中国近代历史最耻辱的《马关条约》。

李鸿章虽然具有大智慧，比起守旧派，他能清醒地看到中外形式，但是李鸿章说到底是作为满清重臣，他无法跳出自身的局限，也无力摆脱这沉重包袱，他只能妥协。

不是因为日寇的威胁，不是因为他随时都可能遭到杀害，而是因为朝廷内部的压力。

从此，李鸿章成了涣散中华民族精神的卖国贼和苟且偷生的小人（行文至此，眼已模糊）。

虽然签署条约是肯定的了，但李鸿章他还在坚持。为了国家，他可以不屈，可以强硬到死，同样为了国家，他也可以低下他那高贵的头颅。为了争取可能的最大利益，哪怕是些微小的让步，李鸿章都忍辱负重、竭尽所能。

但作为战败国的使臣，日寇并没有任何的退让。据当时日本的剃刀大臣陆奥宗光回忆："起初赔偿金二亿两，他要求减少五千万两，视不能达此目的，他则乞减少二千万两，最后他竟对伊藤全权哀求以此些少减额为其归途之饯别。此等举动以李之地位而言实有失其体面。"

从这段话中我们可以看到，李鸿章大人这么做到底是为了谁？他是为了当时亿兆国民，为了他的祖国，不惜不要自己脸面也要争取可能的利益。他真的是一个没有骨气没有尊严之人？下面讲述的一件他晚年的事情，相信读者自有公论。

李鸿章认为《马关条约》是自己终生最大的耻辱，发誓从此不再踏入日本半步。

他73岁访美回国时，所乘坐的"华盛顿"号巨轮途经日本横滨。需要换船返程，为了"马关议约之恨，誓终身不履日地"的誓言，他拒不下船登岸。身边的随从人员没有办法，只能在海上搭了一块跳板到另一条所要换乘的轮船甲板上，让李鸿章上船。李鸿章不顾年事已高，病体虚弱，也不顾有可能从高空掉进海里的危险，在海上两船之间的跳板上，一步一步挪动，艰难地登上了返程的轮船。

看完这个真实的故事，不知世人还会不会认为李鸿章是个不顾民族大意、苟且偷生的小人。

后世国人对他的痛恨可以理解，但客观分析，真正卖国的是慈禧太后，李鸿章权力再大，也只是慈禧太后手里的棋子。慈禧太后的决定，他是无力也无法去改变的。李鸿章在日本苦苦支撑，慈禧太后却在筹备她的寿宴，李鸿章只不过替她背负了千古骂名。李鸿章一生事事谨慎，《马关条约》谈判的所有细节，他都逐一上报，说到底，他并没有最终的决定权。加之那时的清朝已彻底地走向了没落，换谁去那也得签。

1901年11月7日，就在李鸿章逝世前的一个小时，俄公使还在他的病床边逼迫他在俄占中国东北的条约上签字。

俄国公使走了之后，身边的人大哭："中堂大人不能就这么走了，还有话要对中堂大人讲。"

李鸿章原本闭着的眼睛又睁开了，身边的人对他说："俄国人说了，中堂走了以后，绝不与中国为难！还有，两宫不久就能抵京了！"

李鸿章听罢，两目炯炯不瞑，张着口似乎想说什么。身边的人又说："我辈可了未了之事，请中堂大人放心！"

这时李鸿章大人，才带着无尽的遗憾，睁着双目离开了这个风雨飘摇的国家，享年78岁。

在逝世后的第二天，11月8日，英国的《泰晤士报》用了整整两个版面的篇幅，详细介绍了李鸿章的一生。

美国驻华使馆降半旗表示致哀。慈禧太后和光绪帝听闻此消息均痛哭失声，遂赠太傅，晋一等肃毅侯，谥号文忠，赐在北京建祠。

清代汉人官员北京能建祠堂者，也仅李鸿章一人。中国历史上谥号文忠的也是屈指可数的。

李鸿章一生有勇有谋，敢作敢当，是中国晚清末年的擎天一柱，只可惜帝国黄昏，孤臣一去，大树飘零。有心杀贼，无力回天。

难怪梁启超后来说："吾敬李之才，惜李之识，而悲李之遇。"

现附录李鸿章的绝命诗一首，也有人说是康有为所作，这里我们姑且不作讨论。重要的是我们知道了李鸿章是不是卖国贼？是不是一个苟且偷生之人，这比讨论一首诗是谁写的更为重要。

劳劳车马未离鞍，临事方知一死难。

三百年来伤国乱，八千里外吊民残。

秋风宝剑孤臣泪，落日旌旗大将坛。

海外尘氛犹未息，诸君莫作等闲看。

大奸似忠（一）——吴起杀妻求将

吴起是战国时期卫国左氏人（前440年—前381年）（今山东定陶县西）。诚恳地说，吴起是中国兵家史上一个可以彪炳史册的殿堂级的人物。

他所著的《吴子兵法》在中国古代军事典籍中占有重要地位，后世将《吴子兵法》与《孙子兵法》合称为《孙吴兵法》。北宋时期将《吴子兵法》列入《武经七书》之中。

吴起，中国战国初期军事家、政治家、改革家，兵家代表人物。

据《汉书·艺文志》兵家权谋论著中记载：吴起著有兵法48篇。现仅存《吴子兵法》六篇，包括图国、料敌、治兵、论将、应变、励士这些篇目。

把这样的一个人物放入大奸似忠这个标题之下，是需要勇气的。但是不能因为吴起的历史成就，而对他个人的一些做法就讳莫如深，避而不谈。个人认为，对历史的了解必须全面，实事求是，所以才有了这篇杀妻求将。在说吴起杀妻之前，我们先从吴起休妻开始说起。

吴起还在卫国时有一名妻子，吴起让他妻子织一条丝带，结果长度比他要求的短了一些。吴起让她去改一下，他妻子答应了。

等到织好了又量了量，还是不符合吴起的要求。吴起非常生

气，妻子回答他说："我开始织的时候就把线定好了，不能再改了。"吴起于是休掉了妻子。吴起的妻子向她哥哥求助，她哥哥说："吴起是制定法令的人，他制定法令，是想为大国建立功业。他的法令必须先要在自己的妻子身上兑现，然后才能推行下去，你不要指望再回去了。"吴起妻子的弟弟后来被卫国国君重用，想凭着自己的身份去求吴起与其姐复婚。吴起没有答应，反而离开了卫国。

吴起离开卫国的缘由，另有一说法。吴起少年时，家有千金，富有殷实。他到处谋求功名不成，以至于家道中落。家乡人笑话他，吴起一怒之下，杀了三十多名讥笑过自己的邻里乡亲。在离开故乡时，他与母亲诀别时说："我若当不上卿相，誓不再入卫国。"（个人认为这一说不足为凭，没有逻辑和历史依据，只能作茶余谈资而已。）

吴起离开卫国后，他向孔子的学生曾子求学，但在他求学期间，他的母亲亡故了。吴起自幼家境殷实，他追求的不单单是财富物质，他最想得到的是天下闻名和名垂青史的历史地位。所以他没有赶回卫国奔丧，曾子是何许人？孔子亲传七十二贤徒之一，中国的《孝经》就是曾子著的。曾子见吴起为了功名富贵而不顾人伦孝道，哪里肯依，一怒之下便与吴起断绝了师生情谊。

吴起离开曾子后，凭借着自己师出名门，借助孔夫子的名气，开始为鲁国国君效力。然而，与司马穰苴、孙武不同，吴起虽然走上了仕途，但是并没有得到什么重用。

《史记》只是记载吴起"尝学于曾子，事鲁君"，而没有记录吴起当时的级别待遇。

公元前412年，齐宣公发兵攻打鲁国。鲁国国势衰微，虽是文化强国，拥有以儒家弟子为代表的众多学者，但是一时之间却找不到一个能带兵打仗、以暴抗暴的人才。

战时思良将，而吴起在鲁国之时，军事方面已经显露过人之处。

后经鲁国群臣商议，鲁穆公想起用吴起为鲁国大将军。但吴起在鲁国时，又娶了一位齐国女子为妻。所以有人向鲁穆公暗进谗言，说吴起乃齐人的夫君，带兵去抗齐人怕有不测吧。况且吴起本就不是鲁国人，而是卫国人，他来到鲁国无非为了功名利禄。所以难保不临阵起意，反戈一击啊。

此话一出，鲁穆公和群臣顿生狐疑，为保万全，鲁穆公决定另选他人。

吴起得知之后，心如油烹，虽然曾经跟着曾子学习儒家，但是吴起心中早就决心要成为一位杀伐决断的名将，而不是皓首穷经的学者。眼看着象征权力的鲁国将军大印和兵符，因为自己娶了一个齐国人而旁落他手，自己想建立千秋功名的宏愿可能就此错过，吴起哪里肯放弃这千载难得的机遇，为表自己对鲁穆公的忠心，获得鲁穆公的信任，吴起回到家中把卧病在床的妻子活活斩杀，并将自己妻子的人头献给鲁穆公，以血淋淋的行动表明自己的忠诚和决心，就这样，吴起如愿地当上鲁国大将军。

吴起率领鲁军不负众望，大败齐国军队。吴起本以为自己从此凤愿得成，却不知螳螂捕蝉，黄雀在后。

吴起的杀妻求将在鲁国尽人皆知，他曾经的老师曾参知道此事后，对他的所作所为极之不满，认为吴起是一个无德无义之人。

于是曾参向鲁穆公表达了自己的看法：吴起母去世，拒不奔丧。为了将军之位，竟然斩杀结发妻子，类似禽兽，毫无人性。凡此种人为了达到目的，无所不用其极，真是令人毛骨悚然。连老母都不顾，连妻子都能无辜斩杀的人，怎么可能会对国君你忠心呢？这种人包藏"祸心"，绝不可信任。

吴起听闻此事之后，大为恐慌。吴起知道自己已在鲁国失去人心，鲁穆公也不可能再信任他，于是连夜逃亡魏国，投奔当时的魏文侯。

吴起来到魏国，事于魏文侯及其子（后来的魏武侯）。吴起在魏国时，因与田文争夺名位。得罪许多人，公叔为相后，设计使吴起见疑于魏武侯，吴起怕魏武侯以后会加罪于他，吴起又离开魏国来到了楚国。

楚悼王早就听说吴起的大名，觉得吴起有大才。据史书记载：楚悼王拜吴起为相，重用之。变法于楚。

吴起在楚国的变法使得楚国很快强大了起来，南平百越，北并陈蔡，退三晋，西伐秦。诸侯皆患之。

但吴起变法如同商鞅变法一样，损害不少宗室贵戚利益。楚悼王一死，宗室大臣假借吊唁趁机作乱。

公元前381年，楚悼王去世，楚国贵族趁机发动兵变攻打吴起。贵族们用弓箭射伤了吴起，吴起带着箭伤逃到楚悼王停尸的地方，吴起为了活命将箭拔出后，插在了楚悼王的尸体上，并且大喊："群臣叛乱，谋害我王。"

贵族们恨死了吴起，不管不顾地继续向吴起放箭，在射杀吴

起的同时也射中了楚悼王的尸体。古今中外乃至现代世界各国，如果谁伤害元首的尸体都是要处以重刑的。当然，楚国的法律也规定，伤害国君的尸体也是属于重罪，将被诛灭三族。

继位的楚肃王，命令尹把射杀吴起同时射中楚悼王尸体的人全部处死，受牵连而被灭族的有七十多家。

吴起虽然死了，但仍不能放过，他的尸身也被处以车裂肢解之刑。吴起死后，他在楚国的变法宣告失败。

论事功，吴起了不起，有大才；论人性人伦，吴起为达自身的目的不择手段，不顾亲情人伦，实在是令人发指；论忠，吴起不忠。三易其主，前二易还有推辞，但对一个重用自己，让自己夙愿得成，实现人生宏愿的国君，吴起为了苟活竟然将箭插在国君的身上。

吴起于私，不孝于母，为达目的斩杀妻子，实为禽兽。

吴起于公，不择手段，为己之利不顾朝纲国法，实为乱臣贼子。

大奸似忠（二）——易牙烹子媚主

易牙，相信这个名字对许多人来说是陌生的，但如果说到中国最早的四大菜系之一——鲁菜，我想应该是无人不知吧，易牙就是鲁菜最早的创始人。

易牙是第一个运用调和之术操作烹饪的厨子，烹饪技艺很高，善

易牙，雍人，名巫，所以也叫雍巫或狄牙，春秋时期齐国人。

于做菜。同时他又是中国历史上所记载的第一个开私人饭馆的人，所以他也被奉作厨师行业的祖师。

易牙，齐国彭城（今天的江苏徐州）人，是中国春秋时代一位著名厨师，他是齐桓公宠幸的雍人（就是齐桓公的厨子）。他很擅长于调味，所以很得齐桓公的欢心。

山东有道名菜叫鱼腹藏羊肉，相传也是由易牙所创。当时，中国北方的水产以鲤鱼为最鲜，而肉以羊肉为最鲜，此菜两鲜并用，互相搭配，咸菜色泽光润，外酥里嫩，鲜美异常。

"鲜"字即由"鱼"和"羊"字合成，相传也因为是这道菜，易牙创造"鲜"这个字。

不仅如此，易牙还第一个把烹饪和医疗结合起来，创建了食疗。一次，齐桓公的长卫姬生病了，易牙以食疗菜进献长卫姬，长卫姬食后病愈，易牙由此深受齐桓公和长卫姬赏识。

看到这，你们一定觉得易牙很不了起吧，但如果要和下面所讲的相比，以上这些不过是小菜一碟罢了。易牙此人绝非人族，自古虎至毒，不食子。但此人蛇蝎心、豺狼性，竟然为了获得齐桓公的信任，不惜将亲生骨肉杀害而后烹成肉汤给齐桓公食用，以此来表达自己的忠心。

一日，齐桓公对易牙说："寡人尝遍天下美味，唯独未食人肉，倒为憾事。"桓公此言本是无心的戏言，而易牙却把这话记在了心里。为博得齐桓公的欢心，易牙选择了自己4岁儿子的肉。

不久之后，齐桓公在一次午膳上，喝到一小鼎鲜嫩无比，从未尝过的肉汤，便询问易牙："此系何肉？"

齐桓公，春秋五霸之首，公元前685—前643年在位，春秋时齐国第十五位国君。

易牙哭着说是自己儿子的肉，为祈国君身体安泰无虞，杀子以献于主公。齐桓公得知这是易牙儿子的肉时，内心很是不舒服，于是说道"为何不用其他死囚的肉哪？为何一定要用自己的儿子？"

易牙回答："国君是何等的尊贵，绝不能食用死囚平民之肉。为了国君的安泰，只能选择自己的儿子了。"

齐桓公没有觉得就算是非人类也不会做出这种事，不但没有降罪于易牙杀子的禽兽罪行，反而被易牙的行为感动，认为易牙忠爱自己胜过自己的亲骨肉，从此齐桓公更加宠信易牙了。

周襄王七年(公元前645年)，为齐桓公创立霸业、呕心沥血的管仲患了重病，齐桓公去探望他，询问他谁可以接受相位。

管仲曰："国君最知臣下。"齐桓公问曰管仲"鲍叔牙如何"。

管仲诚恳地说："鲍叔牙是君子，但他善恶过于分明，见人之一恶，终身不忘，这样是不可以为政的。"

齐桓公又问："易牙如何？"管仲答曰："君勿用易牙。"

桓公不解："仲父教我？"管仲笑而不语。

齐桓公进问曰："易牙烹子飨我，不可信否？"管仲开口道："人，无不爱子，己子尚不爱，焉能爱君乎？"

周襄王姬郑，姬姓，名郑，周惠王之子，东周君主，前651年—前619年在位。

管仲说罢，见齐桓公面有不悦之色，管仲继续说道："易牙为了满足国君的要求不惜烹了自己的儿子来讨好国君，没有人性，不宜为齐国之相。请国君务必疏远易牙、卫开方、竖刁这三个小人，宠信他们，国家必定会乱。"

管仲说罢后，向他推荐了为人忠厚、不耻下问、居家不忘公事的隰朋，说隰朋可以帮助国君管理国政。遗憾的是，齐桓公并没有听进管仲的话。

管仲，姬姓，管氏，名夷吾，字仲，谥敬，春秋时期法家代表人物，颍上人，周穆王的后代。

易牙听说了齐桓公与管仲的这段对话，便去挑拨鲍叔牙，说管仲阻止齐桓公任命鲍叔牙。

鲍叔牙笑道："管仲荐隰朋，说明他一心为社稷宗庙着想，不存私念偏爱于自己的友人。现在我做司寇，驱逐佞臣，正合我意。如果让我当政，哪里还会有你们的容身之处？"

周宗大夫二世祖叔牙公像

鲍叔牙，姒姓，鲍氏，名叔牙。颍上人。春秋时期齐国大夫。

易牙讨了个没趣，深觉管仲交友之密，知人之深，于是悻悻然地走了。

不久管仲病逝。齐桓公也将易牙等三人撤职，下令这三人永不得入朝。

但过了三年，齐桓公不见这三人，感觉生活渐渐食之无味，了无情趣。便说："仲父（管仲）不已过乎？"于是下令复召三人回宫。

正如管仲所料，第二年齐桓公重病，易牙与竖刁等拥立公子无亏为储君，迫使原太子昭逃亡到宋国，齐国因此发生内乱。

易牙和竖刁堵住宫门，假传君命，以安全为由不许任何人进宫。二名宫女乘人不备，越墙入宫，探望齐桓公。

齐桓公躺在病榻上已饿得奄奄一息，见有人来，忙向来人索讨食物。二位宫女哭着告诉齐桓公，易牙、竖刁堵塞宫门，她们无法将食物带进宫中给桓公吃。

此时，齐桓公已在病榻上回天无力，悔之晚矣，又气又饿地撒手人寰了。

齐桓公死后，齐人杀了作乱的公子无亏，立太子昭为君，即后来的齐孝公。但经过这场内乱，齐国的霸业就此衰落，中原霸主的地位也渐渐被晋国取代了。

传说易牙干政失败后避居彭城，操烹饪业直到终老，所以易牙的食疗菜在彭城(今徐州)流传至今。

吴起为了求将而杀妻，易牙为了媚主而烹子，两人天良丧尽，令人发指。希望大家以古为鉴，对在生活中为了达到自己的目的，什么事都做得出的这种人，一定要敬而远之。

　　用人也罢，与人处事也罢，对一个人一定要从细微处着眼，对这人的品格和操守要反复考验，决不能被表象所迷惑，更不可因小恩小惠，贪图个人私欲而废弃原则，否则最终，你必将深受其害。

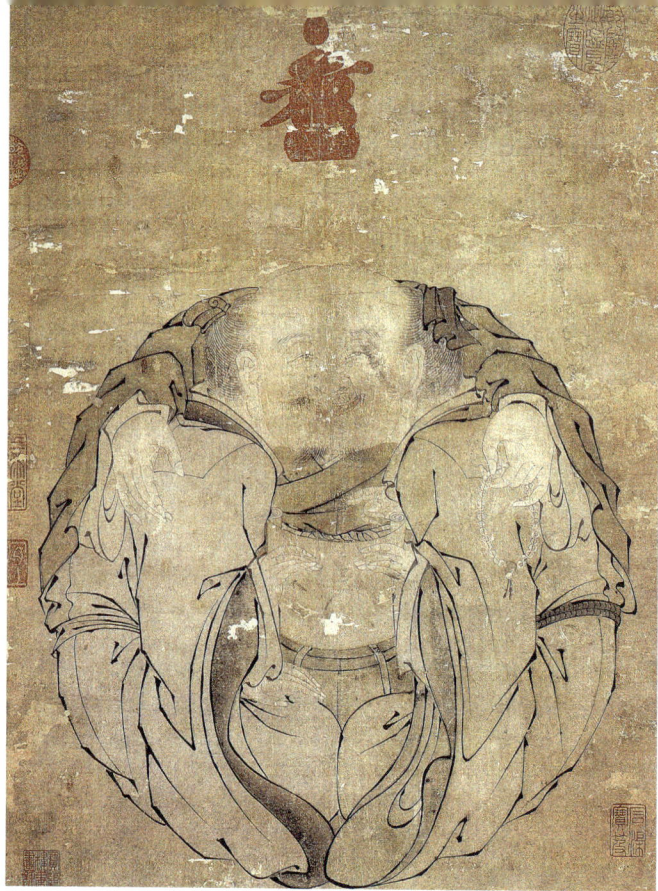

一团和气图
明·朱见深
纸本设色（48.7*36厘米）
北京故宫博物院藏

朱见深（1448-1487），即明宪宗。画史称他长于诗文绘事，工画神像及山水小景，时作墨戏，以赐群臣。此画构图非常绝妙，看似一人盘腿而坐，实为三人合一。左侧老者着道教冠帽，右侧老者儒家打扮，二人相对而坐，手各持经卷一端，中间一人执佛珠，两手搭在二老者肩上，当是佛教中人，此画意在"合三人为一体，蔼一团之和气"。正是当时"三教合一"思想的体现。上钤有"广运之宝"印一方，并有清宫藏印数方。